歷史原來這麼有故事【第二輯】

從隋唐到清初 帝國的極盛到遲暮

王磊（講歷史的王老師）著

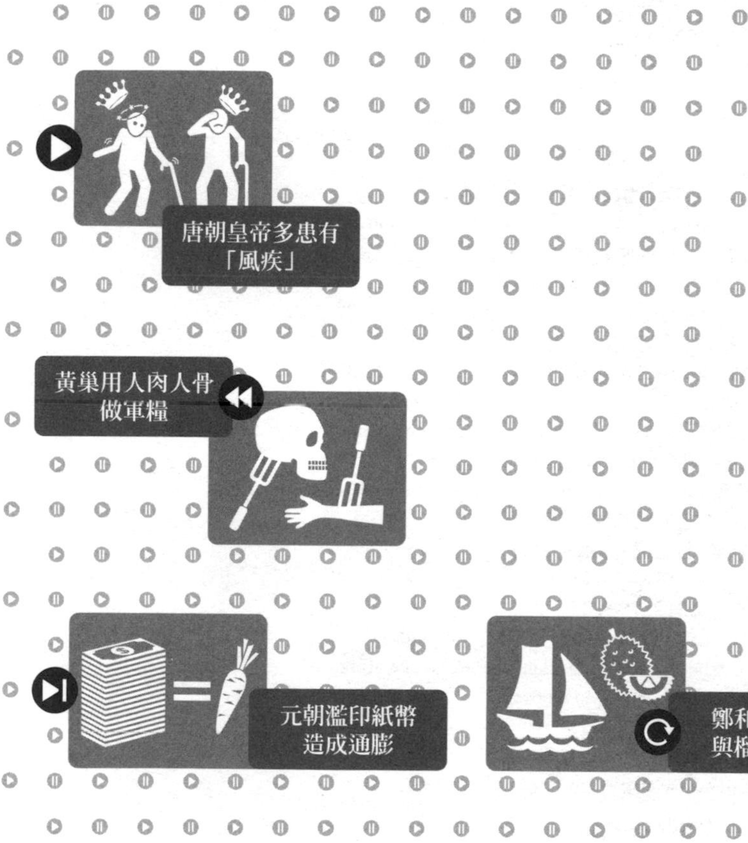

歷史原來這麼有故事【第二輯】
從隋唐到清初，帝國的極盛到遲暮

作者	王磊（講歷史的王老師）
責任編輯	何維民
版權	吳玲緯
行銷	闕志勳　吳宇軒　余一霞
業務	李再星　李振東　陳美燕
副總編輯	何維民
編輯總監	劉麗真
發行人	凃玉雲

國家圖書館出版品預行編目（CIP）資料

歷史原來這麼有故事. 二：從隋唐到清初，帝國的極盛到遲暮/王磊（講歷史的王老師）著. -- 初版. -- 臺北市：麥田出版：英屬蓋曼群島商家庭傳媒股份有限公司城邦分公司發行, 2023.12
312面；15×21公分
ISBN 978-626-310-563-8（平裝）
1. CST：中國史　2. CST：通俗史話
610.9　112017076

出版　麥田出版
104台北市民生東路二段141號5樓
電話：(886) 2-2500-7696　傳真：(886) 2-2500-1967

發行　英屬蓋曼群島商家庭傳媒股份有限公司城邦分公司
104台北市民生東路二段141號11樓
書虫客服服務專線：(886) 2-2500-7718、2500-7719
24小時傳真服務：(886) 2-2500-1990、2500-1991
服務時間：週一至週五09:30-12:00，13:30-17:00
郵撥帳號：19863813　戶名：書虫股份有限公司
讀者服務信箱E-mail：service@readingclub.com.tw
麥田部落格：http://blog.pixnet.net/ryefield
麥田出版Facebook：http://www.facebook.com/RyeField.Cite/

香港發行所　城邦（香港）出版集團有限公司
香港灣仔駱克道193號東超商中心1樓
電話：(852) 2508-6231
傳真：(852) 2578-9337

馬新發行所　城邦（馬新）出版集團【Cite (M) Sdn Bhd.】
41-3, Jalan Radin Anum, Bandar Baru Sri Petaling,
57000 Kula Lumpur, Malaysia.
電話：(603) 9056-3833
傳真：(603) 9057-6622
E-mail：service@cite.my

印刷	前進彩藝有限公司
電腦排版	黃雅藍
書封設計	巫麗雪

初版一刷　2023年12月

定價／380元
ISBN：978-626-310-563-8

原文書名：《歷史這麼有意思2》

從中世到近世，從庶族到庶民，中華文明的世俗時代。

目次

隋唐篇

明清篇

本篇講述了隋朝與唐朝的歷史，時間跨度為三百餘年。

自西晉滅亡以來，中國陷入了二百多年的大分裂時代。到南北朝後期，統一的趨勢在北方出現了。五八一年，關隴集團出身的貴族楊堅篡奪北周政權，建立了隋朝。五八九年，隋朝滅了南陳，實現了統一。隋朝和秦朝頗為相似，都結束了長期的分裂，都歷三帝而亡，其間都存在許多具有開創性的制度和工程。隋朝統治者創立了科舉制，開通了大運河，千年以來深刻地影響著中國歷史的發展。

隋朝滅亡後，關隴集團出身的貴族李淵建立了唐朝。唐朝前期出現了貞觀之治和開元盛世的繁榮局面，彼時的唐朝，政治開明、經濟發達、文化包容、民族關係和諧、對外交往頻繁，處於一個繁榮而開放的時期。然而，盛極而衰，玄宗朝後期爆發了安史之亂。以此為標誌，唐朝由盛轉衰，陷入了藩鎮割據的局面。安史之亂後，唐朝的統治又維持了一百多年才滅亡。這期間，既有幾位皇帝力圖振作的嘗試，又有宦官和藩鎮的不斷折騰。終於，黃巢領導的大規模農民起義使唐朝走向崩潰。九〇七年，節度使朱溫篡權，唐朝滅亡。

隋唐時期相當於中華文明意氣風發的青年階段，既充滿著詩情，又眺望著遠方。

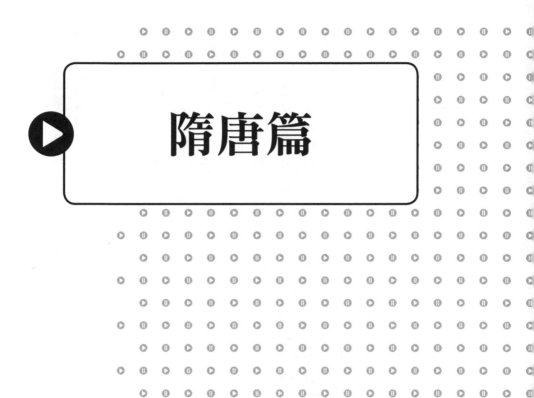

隋唐篇

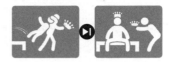

01 隋朝的建立

建隋朝外公篡位　滅南陳天下歸一

《三國演義》第一回有言：「天下大勢，分久必合，合久必分。」中國古代歷史正是在這種分與合的循環中不斷發展的。先秦大分裂，秦漢大統一；東漢末年分三國，之後西晉短暫統一，再之後，天下又分裂了二百多年；到南北朝末年，天下又迎來了統一的大勢。

南遷的漢人建立東晉，北方的少數民族統治區域出現「十六國」，而後南北朝分立，劃長江而治百餘年。自西晉末年以來，南渡的中原漢人在煙雨江南生活了二百餘年，早已習慣了這裡的安逸。在北方，胡漢雜處，各民族「相愛相殺」，交融了二百餘年。文明在碰撞中發展，民族在交融中相親。民族的交融給北朝的發展提供了強勁的內生動力，到了六世紀中期，北朝的綜合實力全面超越了南朝，更快地邁向了統一。

北朝始於鮮卑人建立的北魏，也就是孝文帝實行漢化改革的那個王朝。北魏後來分裂成了東魏和西魏，再後來，東魏演化成北齊，西魏演化成北周。南北朝後期，北朝的北齊和北周，與南朝的後梁與陳對峙。相比而言，北朝的北周更具有統一天下的實力。

當時，周武帝宇文邕神武過人，三十五歲就橫掃了北齊，統一了北方。而後，周武帝又北征突厥，準備平定突厥後再南下滅陳。就在周武帝按部就班地推進統一計畫之時，身體卻沒撐住，他三十六歲便英年早逝了。周武帝死後，其長子繼位，是為周宣帝。周宣帝在父親的嚴苛管教下長大，時常因犯錯被家暴，棍棒和鞭子的滋味都嘗過。俗話說：「棍棒底下出孝子。」這話只說對了一半，有時候，棍棒用過頭了，孝子也會被逼成逆子。周宣帝就成了逆子，他性格叛逆，行事乖戾，即位後就徹底放飛自我。周宣帝沉迷於酒色，整日醉生夢死。古代的好色之君並不少，但像周宣帝這樣的却很少見。父皇後宮的女人，不管姿色如何，周宣帝一個都不放過，此外，周宣帝還搶了叔叔的媳婦。中國古代實行一夫一妻多妾制度，皇帝雖然可以納多個嬪妃，但皇后只能有一個。周宣帝不管那套規矩，同時立了五個皇后，創下了歷史紀錄。為了給自己騰出更多玩耍的時間，周宣帝在位不到一年就禪位給了七歲的兒子——周靜帝，自己年紀輕輕就做起了太上皇。可是躁動的內心扛不住身體的透支，退位後只玩了一年，周宣帝便以二十二歲「高齡」玩死了。

拜父親立了五個皇后所賜，周靜帝的外公特別多。其中一個外公名叫楊堅，楊堅出身於西魏的關隴集團，世襲隨國公。關隴集團是鮮卑人創立的以關隴地區為中心的軍事貴族政治集團，集團內不分胡漢，大家族共享武力與政權。關隴集團在西魏和北周時期掌握了軍政大權，可以左右朝政。楊堅早年間跟隨周武帝南征北戰，立下了赫赫戰功，也因此成了周武帝的親家。周宣帝對楊堅這個老丈人很不信任，想弄死楊堅卻找不到合適的理由。五八〇年，周宣帝病篤，楊堅的同黨偽造了遺詔，讓楊堅以丞相身分輔政。次年，大權獨攬的楊堅逼迫周靜帝禪位給自己，就這樣，楊堅替外孫當了皇帝。

古代的貴族稱帝，國號一般用自己的貴族爵號。楊堅是隨國公，國號理論上應定為隨。但他覺得隨字含一個走之，有些不吉利，說不定哪天手裡的權勢就走了。畢竟，南北朝的王朝大多數很短命，楊堅也有點忌諱。為了不讓王朝走得太快，楊堅選擇了一個同音字，以「隋」為國號。就這樣，五八一年，楊堅在北朝的地基上建立了隋朝，定都長安，楊堅成了隋文帝。雖篡奪了北周江山，但楊堅卻真正繼承了周武帝的遺志。坐穩皇帝寶座後，他繼續推行周武帝的統一計畫——先平定突厥再滅南陳。不久後，突厥內部分裂，打起了內戰。這倒成全了楊堅，他得以集中兵力南下滅陳。

此時南陳的統治者是後主陳叔寶。陳叔寶是一個很有文藝氣息的皇帝，他的文學造詣相當高，其成名作〈玉樹後庭花〉被後世視為亡國之音。歷史上，有文藝範的皇帝有許多都是亡國之君，前有陳叔寶，後有五代十國的李煜。五八九年，五十萬隋軍橫渡長江，勢如破竹，一舉就攻下了南陳都城建康。亡國就在眼前，可是陳後主還振振有詞地跟群臣說他自有辦法應對。原來，他的辦法就是躲貓貓。隋軍進城後，陳後主躲在了後宮的一口枯井裡。隋軍好一番苦尋才找到這口井，然後向井內喊話。陳後主默不作聲，隋軍作勢威脅他說再不上來就「落井下石」了。陳叔寶這才回應，要求隋軍放繩子下來拉他上去。隋軍放下繩子，但拉的時候很費力，他們還以為陳後主是個體重有二、三百斤的大胖子。拉上來才發現：在井裡窩著的不只陳後主一人，還有兩個美女嬪妃。不愛江山愛美人，不善治國善詩文，陳後主亡國倒也不可惜。

之後，陳後主被押送到長安，得到了楊堅的禮遇。從皇帝職位退下來的陳後主，繼續用自己的特長為隋朝發揮餘熱，他寫過「日月光天德，山河壯帝居」這樣的詩句來拍隋文帝的馬屁，還曾恭請隋文帝封禪泰山。其實陳後主一點都不傻，他知道，只有這樣歌功頌德才能保全性命，就像劉禪樂不思蜀那樣。陳後主在隋朝生活了十幾年，於五十二歲病逝，最後還比隋文帝多活了幾個月。陳後主死後，隋文帝的繼任者楊廣給陳後主的謚號是煬。在古代的謚法裡，煬是一個惡謚，專門給昏君暗主。諷刺的是，十多年後，楊廣身死後，後人給他的謚號也是煬。笑話別人，最後自己也成了笑話，歷史真是報應不爽啊！

隋朝滅陳，結束了中國自西晉末年以來二百多年的大分裂，中國歷史由此進入了「第二帝國時代」。天下統一後，隋文帝並不是高枕無憂的。因為天下已經分裂了太久，如何整合南北方的各種勢力，如何鞏固統一，這是擺在隋文帝面前的歷史命題。

02 隋文帝的統治

分相權三省六部 增稅收人口普查

隋朝的開局和八百多年前建立的秦朝非常相似，兩朝都在國家長期分裂後重新實現統一；兩個朝代所面臨的歷史命題也一樣，那就是如何讓剛剛統一國家高速運轉起來。面對著相似的局面，隋文帝的想法和秦始皇如出一轍，那就是必須加強中央集權、完善官僚制度。在這個思路下，隋文帝開始了一系列的制度構建，秦制的「升級改進版」在隋朝誕生了。

在中央官制方面，隋朝建立了三省六部制度。在封建時代，「省」一開始指的是宮中禁地，後來引申指中央的官署。也就是說，「三省」是指中央機構。隋朝本來有五個省，其中，祕書省掌管圖書典籍及國史修撰，內侍省掌管宮內事務，這兩個省較為次要；真正的掌握實權的是中書[1]、門下、尚書這三個省。在處理政務時，三省有著明確的分工和聯繫緊密的政務處理流程。中書省負責起草詔令，然後將詔令交給門下省審核，如果審核不通過，詔令將被駁回中書省重新起草；如果審核通過，詔令將交給尚書省執行。尚書省類似於今天的行政院，負責各項具體政務的執行。為了細化分工，尚書省下面又設了吏、民[2]、禮、兵、刑、工這六個部。吏部負責官員任免與考核，管官；民部負責財政、賦稅和戶籍，管錢糧；禮部負責國家禮儀祭祀，聽起來好像沒啥重要權力，但古代王朝與番邦的交往也屬宗藩禮儀，且教育與考試也事關禮儀，所以禮部還負責國家的教育、外交、民族等政務；兵部相當於國防部，管軍政；刑部相當於警政與司法檢調部門，管司法；工部負責國家各項工程建設，相當於王朝的大開發商。

三省六部制好在哪兒呢？一是科學分工，三省將決策、審議、執行三個環節分開，六部又將各項政務細化，這大大提高了政府的行政效率和決策的科學性。更為重要的是，它能有效地加強皇權。實行三省六部制以前，朝廷的政務都歸丞相負責。丞相有時也稱宰相，魏晉南北朝時期，宰相權力極大，很多人因此走上了篡權之路。遠如曹操、司馬懿，近如高歡、宇文泰，楊堅篡權之前也是宰相。隋朝設立三省，三省的長官都是事實上的宰相，相權就這樣被一分為三了。削弱相權，就意味著加強皇權。三省六部制在隋朝創立，經唐朝完善，為後世王朝所沿用。一直到清末，六部還存在於中央政府機構中。

1　隋朝為了避隋文帝之父楊忠的名諱，稱中書省為內史省。

2　隋開皇三年（五八三）改度支部為民部，民部為尚書省六部之一，職掌財賦戶籍。唐朝時為避唐太宗名諱，改為「戶部」。

在地方制度上，隋朝也進行了重大改革。漢朝以來，中國地方行政區劃分有州、郡、縣三個級別。行政級別多了，各級官員多，吃皇糧的人也就多，這給交皇糧的民眾造成了很大的負擔。為此，隋朝裁撤了郡，只保留州、縣兩級，將官員數量維持在一萬二千五百人左右。隋朝約有五千萬人口，相當於四千個老百姓才養一個官員。隋朝還改革了地方官員的任免方式。秦漢以來，地方官府的長官由中央任命，而官府的屬官多由地方長官自己任免，這叫自聘屬官。時間長了，地方長官及其下屬官員就會沆瀣一氣，對中央陽奉陰違，甚至有可能造成割據。隋朝改變了這一慣例，規定九品以上的地方官員皆由吏部任免，並且每年由中央進行考核。這一改革加強了中央集權，削弱了地方官的權力。

經過隋文帝的努力，隋朝社會趨於穩定，經濟快速發展，出現了「開皇之治」的盛世局面。古代經濟發展的重要表現之一是人口增加，隋初全國只有三百八十萬戶，到隋煬帝在位期間暴增到了八百九十萬戶。二十多年間，戶數增加了一倍多。有的讀者可能會疑惑，人口為什麼增長得這麼快？難道隋朝人民每天都在生孩子嗎？其實，隋朝新增的人口中只有一部分是新生人口，裡面還有許多是新納入的南陳人口；另外，還有很大一部分是過去的隱匿的人口，他們現在被政府「搜」出來了。

古代民眾經常會謊報戶籍，藉此來逃稅。很長時間裡，古代政府的主要稅源是人頭稅，也就是按人收稅。為了掌握人口情況，政府要給民眾編訂戶籍，作為徵收租賦、徵發徭役和兵役的根據。用戶籍固定起來的居民，稱為「編戶齊民」。這種情況下，有的民眾就會謊報戶籍，比如生了孩子不報戶籍，娶了媳婦也不報戶籍，沒有戶籍就不用交人頭稅。遇到出現戰亂或饑荒的年頭，很多民眾逃往外地後乾脆隱匿戶籍，成為黑戶。《桃花源記》裡的快樂民眾，就是秦代逃稅分子的後代，他們作為黑戶世居於桃花源，不用交稅，自然「怡然自樂」。為了搜尋藏匿的戶籍，隋文帝進行了一次「全國人口普查」，也就是開皇五年（五八五）的「大索貌閱」。所謂「大索」，即大規模地搜索隱匿人口；所謂「貌閱」，指觀察人的相貌。人都找出來了，為啥還要看相貌呢？難道長得好看可以少交稅嗎？這是因為古代民眾還可以通過謊報年齡來逃稅。古代徵收人頭稅，不同年齡的人要交的稅金額不同。未成年人可少交，老年人不僅不用交，還能拿政府發的「養老金」。只有壯年男子交全額稅，他們被稱為男丁。不同年代官府規定的成丁年齡不同，有的年代十八歲成丁，有的二十一歲成丁，還有的二十三歲成丁，等等。為了少交稅，很多民眾就「詐老詐小」，謊報自己的年齡。日本學者池田溫在研究唐朝人口情況時發現了一個很有趣的現象：唐朝被貌閱得最多的是那些自稱十九歲的男子。因為十九歲男子只作為二十一歲成丁的準備，還不必交稅，所以那時有很多超齡男子也謊報自己是十九歲。唐朝男人渴望自己永遠十九歲，不是為了裝嫩，而是為了省錢。歲數大的也要貌閱，以防有人騙取養老金。

「大索貌閱」後，編戶增加，政府的收入暴增，路上的運糧車絡繹不絕，餘糧多到吃不完。為了儲存這些餘糧，隋朝興建了許多大型國有糧倉。隋朝滅亡了近二十年後，這些糧食還沒有吃完。隋文帝締造了一個強盛而富裕的王朝，如果其後代不折騰，隋朝吃老本都能維持至少半個世紀的統治。可是，歷史偏偏給隋文帝安排了一個能折騰的繼承者，他很快就把隋朝折騰沒了。

03 隋煬帝的統治

創科舉考試選官 開運河溝通南北

隋文帝霸氣一生，打遍天下無敵手，但他是一個很怕老婆的皇帝，可謂「見妻如鼠，見敵如虎」。他的老婆是獨孤伽羅，人稱獨孤皇后。她也出身於關隴集團，其家族的地位當年比隋文帝的家族還高。隋、唐兩朝深受胡人影響，女性的地位比較高，加之獨孤皇后出身名門，好讀書，文化素養不俗，所以她全面參與了隋朝的政治生活，宮中人將她與隋文帝並稱為「二聖」。

隋文帝對這位愛妻也是既寵愛又信服，幾乎對她言聽計從，但有一點讓隋文帝很鬱悶——獨孤皇后是個陳年醋罈子。為了保持夫妻感情，獨孤皇后不允許隋文帝納正式的嬪妃，只允許他納少量低品秩的小妾偶爾解解饞。雖然被老婆嚴格管束著，但隋文帝的心態很好，他經常自我安慰，有時還向大臣宣講只有一個老婆的好處：「你們看，我五個兒子都是皇后所生，沒有嫡庶之分，這多好！」

是啊，皇子們是沒有嫡庶之分，但太子的寶座卻只能讓一個人坐。為了爭奪太子之位，皇子們的爭鬥就沒停過。長子楊勇先被立為太子，這是個「傻白甜」的皇二代，沒啥壞心眼，就喜愛享受生活。次子楊廣就富有心機，善於靠演戲討父母的歡心。隋文帝討厭奢華，楊廣就讓自己的琴落滿灰塵，裝作很樸素的樣子；隋文帝敬愛獨孤皇后，楊廣就只和正妻睡在一起，不理侍妾，裝作專一好男人。楊廣不僅有心機，還很有能力，他領兵滅陳，立了不小的功勞。後來，在楊廣的偽裝與陷害下，隋文帝廢掉楊勇，改立楊廣為太子。可是，再好的演員也有穿幫的時候。隋文帝晚年病重時，楊廣急著接班上位，就寫信和心腹密謀後事。不料，信被誤送到了隋文帝手中。事情敗露，楊廣乾脆派兵包圍了隋文帝的寢宮，隋文帝隨即「駕崩」。就這樣，「大孝子」楊廣繼位，成了隋朝的第二代皇帝——隋煬帝。隋煬帝雖然得位不正，但治國很有兩下子。他特別能折騰，光是影響歷史走向的大事就幹了四件。

第一件大事是正式創立科舉制。所謂科舉，字面意思為「分科舉士」，就是用分科考試的方式來推舉人才，是一種選官制度。隋文帝改革了地方官制，全國九品以上的官員都由中央任命，這就需要大量的人才。魏晉南北朝時期，統治者實行九品中正制，選拔人才只看家族門第，造成了貴族壟斷仕途，即「上品無寒門，下品無勢族」的局面。貴族壟斷權力，勢必會對皇權產生威脅。為了打破貴族的壟斷，隋文帝改用分科考試的方式來選拔官員。到了隋煬帝時期，隋煬帝創設考試科目進士科，所謂進士，就是「進而為士」，意味著考上了便可以當官。進士科的設立，標誌著科舉制正式創立。此後的一千多年裡，考科舉成了大部分中國知識分子入仕的必經之路。

第二件大事是營建東都洛陽。隋煬帝得位不正，剛一即位，弟弟楊諒就在東部地區起兵，誓為父親報仇。但楊諒缺乏軍事經驗，很快就被隋煬帝按在地上摩擦，楊諒投降後被貶為庶民，最後被幽禁致死。楊諒叛亂一事，讓隋煬帝認識到都城長安的位置有點偏，想管理東部和南部地區的話，有些鞭長莫及。另外，長安人口眾多，交通又不便利，調運糧食費時費力。算好了政治帳和經濟帳之後，隋煬帝下令營建東都洛陽。洛陽地處中原核心地帶，位於「天下之中」，不僅到哪兒都比較近，還很符合古人的建都理念。就這樣，隋朝有了兩個首都，後來唐朝也沿用了這種雙都制，以長安為首都，以洛陽為東都。武則天時期，洛陽的地位還一度超越了長安。今天，西安和洛陽的「粉絲」仍經常吵架，為歷史上誰是第一都城爭來爭去。

隋煬帝幹的第三件大事，是耗費巨資開鑿了一條大運河。這件事給他招來了很多罵名，後世有很多關於他利用運河享樂導致亡國的歷史段子，比如「看瓊花」和「龍舟享樂」。實際上，隋煬帝修建大運河的首要目的並不是享樂，而是為了應對中國即將到來的經濟格局變遷。

我們都知道，從禹建夏以來的四千多年來，前面的幾千年，中國的經濟重心一直在北方的黃河流域。只有最後的約一千年裡，中國的經濟重心才轉移到了南方地區。從時間上看，經濟重心南移是在唐朝開始的，但南移的趨勢在隋朝之前就已顯現。隋煬帝敏銳地察覺了這一歷史趨勢，所以他要提前應對。首先要解決的是漕運問題。所謂漕運，是古代王朝利用水路進行官糧運輸，漕運事關王朝穩定。漕運的起點多是經濟發達的產糧區，目的地要麼是都城，要麼是軍隊駐扎區。之所以要用水運，是因為船隻的運量大且運費低廉，運送大宗物資最划算。如果經濟重心開始南移，就需要南糧北運。而中國的自然河流多是東西流向的，這就需要開鑿一條貫通南北的大運河進行漕運。另外，大運河還有兩個軍事作用：一是方便軍隊南下，加強對新統一的江南地區的控制；二是也方便軍隊北上，支援北方邊疆軍區。在東北邊界，隋朝一直想征服高句麗。

思路很清晰，行動也很迅速。隋煬帝用了六年時間，徵發了幾百萬民夫，開鑿了一條貫通南北的大運河。這條大運河以東都洛陽為中心，南起餘杭（在今浙江杭州北部），北達涿郡（今北京城西南隅），全長二千七百多公里。大運河的開通對中國歷史發展而言意義非凡。首先，它是中國南北交通的大動脈，直到近代鐵路和南北海運興起，大運河才退居二線。其次，大運河促進了南北交流，加強了中央政府對地方的控制，維護了統一多民族國家的穩定與發展。後世唐宋的繁榮，很大程度是享用了隋朝大運河之恩澤的結果。最後，大運河還影響了中國的經濟格局，加速了經濟重心的南移和東移，造就了運河沿岸的城市群。以揚州為代表，它地處長江和大運河交匯處，它得天獨厚的交通條件使它在大運河繁榮的一千多年裡一直是全國性的商業大都市，地位堪比今日之上海。大運河的開通，可謂是中國地緣政治上最大的一次「改朝換代」，怎麼讚揚它的歷史功績都不為過。

隋煬帝做的第四件大事，和第三件大事有直接關聯。這件大事，直接導致了隋朝的滅亡。

04 隋朝的滅亡

高句麗雄霸東北 隋煬帝三征亡國

多元一體的中華文明歷史長河中，自古就不乏如星辰般閃耀的少數民族政權。少數民族與漢族在長期的碰撞和交融中共同創造了波瀾壯闊的中國古代史。在廣袤的東北大地上，就有這樣一個古老又強悍的政權——夫餘人建立的高句麗。高句麗立國七百多年，一直雄霸東北，讓中原政權很是頭疼。

高句麗在西漢時期就已出現，是中國古代的邊疆政權。高句麗曾長期定都於國內城，就在今吉林集安。日本學者江上波夫將北方游牧民族稱為「騎馬民族」，具體而言，「騎馬民族」又分為兩種類型：一種是生活在草原地帶的純畜牧民族；一種是生活在山林地帶的畜牧、漁獵、農耕三類生產方式兼具的「多元特質」民族。高句麗就屬後一種，高句麗人不僅能打魚捕獵，還能騎馬，甚至還會種地。對中原政權來說，高句麗這種具有「多元特質」的民族極具威脅性。像匈奴和突厥這樣的純游牧民族，它們入侵中原主要是為了劫掠，搶完了就會走，只是過客而已。高句麗則不同，高句麗人會農耕，可以在中原常住不走。更可怕的是，高句麗還發展出了類似中原王朝的中央集權政體。一旦入主中原，高句麗接手即可經營。也就是說，其他「騎馬民族」對中原王朝來說只是要錢，高句麗則是要命。為了和中原政權長期對抗，高句麗還形成了「一都二城」的都城體系，就是在國內城附近修建了一個丸都城。國內為平原城，丸都為山城，二者相互依附，一旦敵人攻入，高句麗軍隊就轉移到丸都城內，可長期堅守。魏晉南北朝時期，中原地區陷入紛爭割據之中，高句麗趁機占據了遼東地區，其國土與當時北方的少數民族國家接壤。其實，中原政權也想解除高句麗的威脅，曹魏就曾兩次出兵高句麗，摧毀其都城，以為這樣就能滅了高句麗。不承想，曹魏軍隊一走，高句麗就如同「春風吹又生」的野草一樣，很快便滿血復活，儼然一隻「打不死的小強」。五世紀初，好太王（廣開土王）在位時，高句麗進入全盛時代。那時高句麗的疆域西到遼東，東到日本海，南部一直到漢江流域的今韓國首爾一帶。

隋朝建立時，高句麗也稱高麗[1]，高麗早已遷都平壤，成了一個地跨東北地區和朝鮮半島的強盛大國。高麗向隋朝發起挑戰，進攻了隋朝在遼西地區的軍事基地。高麗還和突厥「眉來眼去」，想給隋朝來個兩面夾擊。隋文帝曾發兵三十萬征討高麗，幾乎全軍覆沒。當時的高麗統治者在外交上很靈活，軍事上擊敗了隋朝，卻又主動給隋文帝上

1 十世紀，朝鮮半島曾出現王氏高麗政權，但與高句麗沒有直接繼承關係。

表請罪，自稱「遼東糞土臣」。這等於打了你一巴掌，再給你一個甜棗，玩得很絕！隋煬帝即位後，下決心要徹底鏟除高麗。想要出兵高麗，首先要解決物資運輸問題。為此，隋煬帝把大運河的北端設在了涿郡，那裡正是征討高麗的軍事前線。六一二年，也就是大運河開通後的第二年，隋煬帝下令征討高麗。這是隋煬帝在畢生的不斷折騰中幹的最後一件大事——三征高麗。

隋朝在涿郡集結了一百一十三萬餘人的部隊，由隋煬帝親率，浩浩蕩蕩地擁向高麗。高麗將領沒有硬碰硬，選擇了誘敵深入，堅守城池不出，使得隋軍在遼東久攻不下。隋煬帝改變策略，派出一支三十萬人的精銳部隊直攻平壤。高麗大將乙支文德故意邊戰邊退，引得隋軍深入，同時在境內實行清野戰術。糧食即將耗盡時，隋軍只得回撤。乙支文德趁機進攻，將隋軍打得全線潰敗。隋朝三十萬大軍，最後只剩二千七百多人逃回遼東。就這樣，一征高麗徹底失敗。第二年，隋煬帝再次御駕親征。這一次打得比較順利，先頭部隊直逼平壤，多次擊敗乙支文德率領的高麗軍。不巧的是，隋軍督糧官楊玄感此時在國內發動了叛亂，隋煬帝不得已撤軍回國平叛，二征高麗也無功而返。第三年，隋煬帝下令再征高麗。可是還沒開打，士兵就逃走了不少，國內叛亂也全面爆發了，三征高麗最後不了了之。

隋煬帝三次征討高麗，徵發的軍隊和民夫有二三百萬之多，民眾深受其害。山東與河北的百姓受害最深，因為山東與河北是征高麗的大後方。軍隊和民夫多在這裡徵發，糧草亦在這裡徵收，連水軍的戰船也在這裡建造。造船的民工，身體長期浸泡在水裡，腰以下的皮膚都泡爛了。忍無可忍的山東百姓揭竿而起，點燃了隋末農民大起義的烽火。最先起來造反的是山東人王薄，他自稱「知世郎」，意為能預知天下大勢。王薄還創作了一首動員起義的歌謠，名為〈無向遼東浪死歌〉，勸告大家不要到遼東為隋朝而死。這首歌謠將民眾心中的怒火點燃，燃起來的農民紛紛加入王薄的起義軍。不僅農民發動起義，貴族與官僚也趁機反叛。僅三五年的光景，中原大地烽煙四起，盡是反隋戰火。

隋煬帝眼看中原保不住了，便離開了洛陽，南下江都（今江蘇揚州）巡遊。在江都，他心灰意冷，幾近頹廢。為了麻痹自己，隋煬帝整日與酒精和美女為伴，過著醉生夢死的生活。他似乎也預感到了自己的命運，經常一個人發呆。有一天，隋煬帝照著鏡子對蕭后說：

好頭頸，誰當斫之！[2]

2 出自《資治通鑑》卷第一百八十五，〈唐紀一〉。

大意就是，這麼秀氣的頭頸，不知誰來砍掉！隋煬帝的禁軍護衛多是關中人，他們不習慣南方的生活，思鄉心切。六一八年，隋煬帝的禁軍叛變，殺死了隋煬帝。被殺前，隋煬帝還很有貴族風範，聲稱「天子自有天子的死法」，要求用毒酒自盡。叛軍沒工夫陪他窮講究，最後簡單粗暴地把他勒死了。

一直到死，隋煬帝可能也不明白自己為何會落得這般下場。的確，隋煬帝折騰了一生，所做之事多是為了隋朝的江山社稷；然而，隋煬帝卻把這些有益的事做得太急了，他並非昏君，卻是暴君。隋煬帝沒有對不起隋朝江山，卻十分對不起百姓。隋煬帝和秦始皇一樣，其失敗源於其暴虐的偉大。隋朝灰飛煙滅，但隋朝留下的遺產卻讓後世受益良多。千年之後，隋煬帝的陵墓於二〇一三年在揚州被發現，棺內的屍體已經腐敗無存，僅剩兩顆牙齒殘存。這兩顆牙齒向世人訴說著：有一位千古帝王，曾拚命折騰過。

05 唐朝的建立

飲酒醉孝子設局　偷桃子表哥建唐

古代的父母往往重男輕女，認為女兒長大了要嫁人，不像兒子那樣能給自己養老，所以會覺得生女兒沒啥用。對於百姓之家，可能是這樣；對於貴族家庭，就不一定是這麼回事了。因為貴族的女兒可以用於貴族間的聯姻，一旦搭上個潛力股，父親完全可以靠女兒躺贏。北周貴族獨孤信便是如此，因為女兒嫁得好，自己成了三個皇帝的老丈人。此外，獨孤信還是隋、唐兩代王朝的「開國岳父」。

獨孤信是鮮卑人，出身於關隴軍集團，是一個軍事貴族。西魏時，他官至八柱國，是國家級領導人。年輕時候的獨孤信不僅勇武過人，長得還很帥。有一次，獨孤信因為打獵回城晚了，慌忙中把帽子戴歪了，街上的路人看見了都覺得他又帥又有風度。第二天，滿城百姓和官員只要是戴帽子的，都把帽子歪著戴，這就是古代的明星效應。老爹長得帥，女兒也漂亮，他的七個女兒堪稱「七仙女」。出身名門，長得還漂亮，這樣的女孩自然是貴族聯姻的熱門選擇。最後，獨孤信有三個女兒做了皇后。長女是周明帝的皇后；七女兒嫁給了隨國公楊堅，後來成了隋朝的開國皇后，也就是不讓隋文帝納嬪妃的獨孤皇后；四女兒嫁給了唐國公李昞，她給李昞生了個兒子叫李淵。後來，李淵建立了唐朝，追封母親為元貞皇后。可惜獨孤信捲入了政治鬥爭被迫自盡，未能把自己的三個皇帝女婿叫來一起打麻將。

從血緣上看，李淵的母親和隋煬帝的母親是親姐妹，李淵年長隋煬帝三歲，是隋煬帝的表哥。表弟是皇帝，自己還出身於關隴貴族，李淵出門都可以橫著走。可是當時民間流行著一句對李淵很不利的讖語——「李氏當為天子」。在政治鬥爭面前，父子、兄弟都沒有信任可言，更何況只是表哥。隋煬帝對李淵很是忌憚，有一次，隋煬帝召見李淵，李淵因病沒去。恰好李淵的外甥女王氏在後宮被隋煬帝遇見了，隋煬帝劈頭蓋臉地問王氏：你舅舅怎麼還不來？王氏則回答說舅舅病了，隋煬帝追問道：病得要死了嗎？李淵得知後非常惶恐，於是每日沉迷於飲酒，裝作對政治漠不關心的樣子。他還經常故意受賄，用這樣的方式自毀名聲，以求讓隋煬帝放心。隋朝末年，農民起義爆發，天下陷入大亂。很多貴族趁機起事，李淵也覺得創業的機會來了。

根據《舊唐書》記載，李淵最初並不想折騰，他是在兒子李世民的勸說下才決心創業的。當時李淵是太原留守郡太守兼晉陽宮監，負責鎮守北方的軍事重鎮太原。農民起義爆發後，隋煬帝躲到了南方的江都。李世民料定隋朝必亡，可趁機起事，隨即制訂了周密的起兵計畫。李世民擔心老爹拒絕起兵，於是就找父親的好友裴寂商議。二人密謀後，決定給李淵設一個局，來個「政治仙人跳」。晉陽宮是隋煬帝在太原的行宮，即便皇帝不在，宮女和服侍人員也要滿編配置。李淵兼任的晉陽宮監一職，實際就是晉陽宮的保安隊長，給皇帝看家護院。一日，李淵喝多了，裴寂趁機挑選了幾個晉陽宮宮女來陪酒，李淵稀裡糊塗地和她們發生了關係。待李淵酒醒後，裴寂就把起兵計畫和盤托出，並真誠勸告道：「你作為保安隊長，把皇帝的女人給睡了，不造反也只有死路一條！」就這樣，在「大孝子」李世民的推動下，李淵在晉陽（今山西太原西南）起兵了，他最後成功偷了表弟的桃子，建立了唐朝。

這段史料給人這樣的感覺：李淵胸無大志，而李世民果敢英明，似乎李世民才是唐朝建立的最大功臣。實際上，這些史料極有可能是被李世民篡改過的。根據時間比較靠近李淵時代的史書《大唐創業起居注》的記載，李淵是一位足智多謀的戰略家，早在起兵前，他就有了奪取天下的志願。當那句「李氏當為天子」的讖語流行之時，他還順勢說了句：

吾當一舉千里，以符冥讖。[1]

1　出自《全唐詩》卷八百七十五，〈唐受命讖〉詩注。

今人讀史，一定要用心辨別，多多對比各種說法，以求更接近歷史的真相。

六一七年，李淵起兵造反。他起兵的晉陽位置極好，這裡離京畿地區近在咫尺。起兵後，李淵率三萬精兵出征，同年就奪取了隋朝的都城長安。入城後，他把隋煬帝的孫子——隋恭帝楊侑——推上了帝位做傀儡。然後，李淵遙尊江都的隋煬帝為太上皇，這實際上是在勒令隋煬帝退休。第二年，隋煬帝在江都被叛變的禁軍殺死。消息傳來，李淵也不用再裝了，隨即逼迫隋恭帝退位，自己登上了帝位。就這樣，唐朝於六一八年建立，李淵就是唐高祖。建國之初，唐朝能控制的只有關中地區和河東地區。李淵父子又用了十年的時間先後擊敗了各地的割據勢力，建立起全國範圍內的統治。

歷代的開國皇帝中，李淵屬大器晚成型的。他稱帝時已經五十三歲，很多皇帝到這個年齡已經駕崩了，李淵卻來了個「最美夕陽紅」。李淵大器晚成，相應地，他的兒子大多已經步入中年。李淵有二十多個兒子，最受重視的是竇皇后給他生的幾個嫡子。其中，長子李建成被封為太子，次子李世民被封為秦王，四子李元吉被封為齊王。在中國封建時代的歷史中，有這樣一個具有週期性的現象：王朝的開國皇帝傳位時，多會遇到麻煩。要麼是出現激烈的儲位鬥爭，要麼是出現非正常的繼位，要麼就是繼位者被太后干政。這種現象的出現源於建國過程中會形成諸多政治集團。畢竟打天下是個大工程，家裡的老婆、孩子、兄弟都要齊上陣，在跟隨皇帝打天下的過程中，這些家裡人也都樹立了自己的威信，形成了自己的勢力。他們在政治鬥爭中身經百戰，自然而然就會產生對權力的覬覦。唐朝統一後，外部敵人是蕩平了，而內部的鬥爭才剛剛開始。李淵在位後期，皇子們你死我活的儲位爭奪上演了。

06 貞觀之治

殺兄弟玄武之變　善用人貞觀之治

在唐朝建立和統一的過程中，李世民功勛卓著，贏得了滿朝的讚譽。身為太子的李建成，很忌憚這個弟弟的聲望。於是，李建成聯合四弟李元吉，同李世民展開了明爭暗鬥。李世民也並非單純小可愛，他常年領兵在外，並非只為朝廷工作，已暗中培養了自己的勢力。

隋唐兩朝都發跡於關隴集團，王朝的核心權力都掌握在這個集團的上層人物手中。隋亡唐興，對關隴集團來說，朝代雖然換了，但只是換了塊招牌，董事長換了個人而已。李淵治國，倚重關隴集團，堅持「關中本位主義」，作為太子的李建成，自然也得到了關隴集團的支持。李世民則另闢蹊徑，他注重結交關隴集團中的下層人士，同時還拉攏了山東士族。這裡的「山東」，指的是崤山以東，包括今天的河北、河南、山東及江蘇、安徽北部。山東士族代表的是當年東魏和北齊的勢力，而關隴集團代表的是西魏和北周的勢力。就這樣，李世民與李建成的權力鬥爭，演化成了兩大貴族集團的較量。在儲位鬥爭中，李淵是支持太子李建成的，李淵也對李世民的權勢產生了擔憂，想翦除李世民的羽翼。李世民判斷出形勢已經很危急，必須絕地反擊，而且要先發制人。武德九年（六二六）六月初四日，李世民在皇宮西北端的玄武門設下埋伏，因為這裡是進入後宮的必經之路。當李建成和李元吉進入宮門時，李世民策馬殺出，親手射殺了李建成，李元吉則被李世民的手下尉遲恭幹掉。而後，李世民率衛兵抵抗齊王府和東宮的衛隊，令尉遲恭領兵進宮。李淵當時正在宮中的湖裡划船，見尉遲恭帶著全副武裝的士兵闖進來，就知道出大事了。得知李建成和李元吉被殺後，李淵選擇接受現實。他知道，塵埃落定，反抗也沒用了，否則自己也會像隋文帝那樣瞬間「駕崩」。三天後，李淵冊立李世民為太子，同時交出了權力。李世民為了斬草除根，又殺了李建成和李元吉的兒子共十人，連尚在繈褓中的都沒有放過。最是無情帝王家，在權力面前，人性早已經泯滅。兩個月後，李淵正式傳位給李世民，李世民登基後改元貞觀，李世民就是歷史上的唐太宗。

老百姓評價歷史人物，時常會有「臉譜化」的傾向——要麼全面肯定，將其神化；要麼徹底否定，恨得咬牙切齒。可是人性是複雜的，政治是殘酷的，歷史人物也是具有多面性的。評價歷史人物時，我們要盡量避免「好人」與「壞人」的二元對立思維，要把歷史人物放在當時的歷史環境下全面審視，即「不虛美，不隱惡」。李世民篡位上臺，殺兄屠弟，斬殺侄兒，他在德行上是有虧的。但是，這並不妨礙他成為一個開明的皇帝，因為私德並不決定治國能力。唐太宗吸取了隋亡的教訓，在治國方面有頗多建樹。

首先，唐太宗很會用人，這是當權者最重要的職業技能。他團結了更廣大的政治勢力，比如山東士族，玄武門之變背後就是其謀劃和支持。山東士族中的秦瓊、房玄齡、程咬金等，後來都受到了重用。唐太宗也沒有冷落唐朝關隴集團，集團核心人物長孫無忌出任宰相，長孫無忌的妹妹還成了唐太宗的皇后。除了貴族外，唐太宗還大量起用寒門賢才。比如貧苦孤兒出身的馬周，窮得掉渣，卻在太宗朝當上了宰相，後世稱他為「草茅宰相」。唐太宗的團隊裡，還有許多胡人。像是突厥人阿史那思摩，官至右武衛大將軍，負責宮禁宿衛。唐太宗不分階級出身、地域和民族的用人政策，擴大了唐朝的統治基礎，使貞觀年間成了唐朝名將賢相輩出的時期。唐太宗會用人，還體現在知人善任上。房玄齡心思縝密，富有謀略，唐太宗讓他主管中書省；杜如晦做事果敢，唐太宗讓他主管尚書省。二人搭配著幹活，堪稱貞觀朝的黃金搭檔，所以後世有著「房謀杜斷」的美談。

其次，唐太宗很善於納諫，能聽進去不同的聲音。著名的諫臣魏徵，本是李建成集團的官員。唐太宗不計前嫌，因欣賞魏徵的直言精神，讓他出任諫議大夫。這個官職屬言官，專門負責給皇帝和朝廷提意見。在十七年的職業生涯裡，魏徵不知疲倦地給太宗提了二百多次意見，大概每個月都會提一次。後來，唐太宗見了魏徵都發怵，生怕魏徵犀利的諫言會讓他難堪。有一次，唐太宗得到了一隻漂亮的鷂，放在手臂上玩，唐太宗看見了走過來的魏徵，怕魏徵又說他玩物喪志，就趕緊把鷂藏到懷裡。魏徵見狀便猜到唐太宗懷裡必有玩物，心說：小樣兒，我還沒辦法治你？於是魏徵故意長篇大論起來，唐太宗如坐針氈地聽著。魏徵走後，鷂已經被悶死了。這個「太宗懷鷂」的故事見於唐人筆記，雖然可信度存疑，但也能反映出魏徵勸諫的威力和唐太宗虛心納諫的胸懷。

最後，唐太宗很重視民眾的作用，積極改善民生。他常引用荀子的話，將民眾比作水，將君王比作舟，留下了那句「水能載舟，亦能覆舟」的千古治國名言。唐太宗還批評奴役民眾以供養君王的行為，說這是「割股啖腹」，就是在自己的大腿上割肉吃，肚子是填飽了，可是命也要沒了。為了改善民生，唐太宗大力發展農業生產，提倡節儉治國，積極儲備糧食以備荒年。在他的努力下，唐初的社會經濟得到了恢復和發展，百姓實現安居樂業。雖然沒有恢復到隋朝巔峰時期的水準，但已經治愈了隋末大亂造成的傷害。

唐太宗在位二十多年，開創了又一個較長時間的太平盛世，史稱「貞觀之治」。隨著時間的流逝，後世史家對唐太宗和貞觀之治的評價越來越高，甚至有些神化了。個中緣由，除了唐太宗本人的文治武功外，更重要的是唐太宗作為一個謙虛而開明的君主，能虛心採納臣下的意見。這種和諧的君臣關係很符合儒家理念中對聖明君王的要求，換句話說，唐太宗是君主專制社會中臣民心中的「白月光」，代表的是後人對開明君主的渴望。

07 高宗繼位

狂太子心屬突厥 弱李治佛系躺贏

玄武門之變對唐初政局的影響很大，唐太宗即位雖造就了貞觀之治，但也給李唐皇室樹立了一個不太好的「榜樣」，那就是皇位可以搶。有其父必有其子，到了太宗朝晚期，唐太宗的兩個兒子也展開了激烈的儲位爭奪，他倆想複製老爹的成功模式。垂垂老矣的唐太宗，又要經歷一遍當年的血雨腥風，又要看到皇室同室操戈，這讓他心力交瘁，差一點就拔劍自刎。

唐太宗有三個嫡子，都是長孫皇后給他生的。這三個嫡子分別是長子李承乾、四子李泰、九子李治。雖然都是一個媽生的，但三個兄弟的性格差異很大。李承乾放縱不羈愛自由，李泰才華橫溢有心機，李治則是一個寬厚、孝順的「傻白甜」。

唐太宗剛即位就將八歲的李承乾冊立為太子，唐太宗對自己的嫡長子充滿了期望，完全按照「預備皇帝」的標準培養他。李承乾十二歲時，唐太宗讓他在尚書省聽政，對他進行在職訓練。唐太宗外出時，還讓李承乾留京監國，李承乾就如同實習皇帝一般。可是期望有多大，失望就有多大。可能是唐太宗太過寵愛他的緣故，太子李承乾的性格很叛逆，做了很多出格的事。身為大唐太子，李承乾却極度崇拜突厥文化。李承乾常常穿突厥的服飾，喜歡說突厥語，在東宮裡搭建了很多帳篷，模仿突厥人的日常起居。他還讓手下去民間盜來牛、馬，放在大鍋裡煮，然後像突厥人一樣用佩刀割肉吃。有一次，他舉辦突厥式葬禮，自己裝死，手下皆以刀割面並號啕大哭，這也是突厥人的習俗。李承乾還公開放話說：今後自己繼位了，要帶著臣下去草原當一名突厥首領，然後給突厥名將阿史那思摩當手下。阿史那思摩此時已歸順唐朝，是唐太宗的部將。一個未來的儲君，居然夢想給部將當跟班，這不僅荒唐，甚至可以說李承乾是個「賤皮子」。除了愛好「突厥風」以外，李承乾還很喜歡男寵。李承乾曾寵幸一個十幾歲的宮廷男藝人，給他取名「稱心」，類似於「honey」（寶貝）。唐太宗得知後大怒，將稱心處死。李承乾哀痛不已，請了幾個月的病假，在自己的宮中為稱心立塑像，早晚祭拜。這麼搞，明顯是對唐太宗的處置不滿，有點對著幹的意思。

相比太子的胡作非為，老四李泰表現得異常優秀。李泰才華橫溢，愛好文學，熱衷於收集圖書典籍。他組織人編纂了地理巨著《括地志》，得到了唐太宗的高度讚賞。李泰還很注意樹立聲望，對於唐太宗給他安排的老師，李泰從來不以皇子身分自居，還會嚴守師徒之禮，對老師恭敬有加。這樣一看，李泰很像年輕時的唐太宗，他雖然不是太子，但聲望却蓋過太子。相比任性妄為的李承乾，唐太宗更喜歡老四，給他的待遇都超過了李承乾。李泰的受寵讓李承乾感到很不安，他感覺自己就要完蛋了。此時的李承乾就和玄武門之變前的唐太宗一樣，恐懼導致攻擊，情急之下，李承乾效仿當年的父親，謀劃搞政變想幹掉李泰。可是李承乾哪裡是他老爹的對手，政變很快就被唐太宗挫敗，李承乾被廢，而後被貶為庶人。李泰見太子被廢，感到自己的機會來了。有一日，他撲到唐太宗懷裡，哭著說道：「父皇如果立我為太子，我就把我唯一的兒子殺掉，等我死後讓弟弟李治繼位。」李泰有點著急了，以致利令智昏。唐太宗當年為了奪位殺掉了兄弟與侄子，現在李泰又要殺掉自己的兒子，對一個老父親來說，李泰的話欺騙性不大，但傷害性極強。唐太宗感覺自己這父親當得太失敗了，傷心得要拔劍自刎，最後被近臣阻攔。唐太宗想明白了：如果立李泰為太子，李承乾和李治都不會有好下場。最終，唐太宗立了柔弱但孝順的李治為太子。只有李治當皇帝，李承乾和李泰才不會被趕盡殺絕。平庸的李治做夢也不會想到，自己最後居然能躺贏。很多時候，爭是不爭，不爭才是爭。

的確如唐太宗所料，李治是個善良的孩子，也是個孝順的儲君。唐太宗晚年時病重，李治一直在身邊悉心照顧。李治不僅照顧了老爹，還照顧了老爹一個年輕的嬪妃，這個嬪妃就是武則天。

武則天本名叫啥，歷史上沒有明確記載，「則天」是後人給她的尊號。武則天出身於一個富裕的商人家庭，父親武士彠經營木材生意。後來，武士彠參與了一場政治創投，也就是資助李淵起兵造反，結果賺大發了。唐朝建立後，武士彠因功入仕，升為工部尚書，當起了「皇家總開發商」。唐太宗三十九歲時，聽說武士彠有個漂亮女兒，就將武則天召入宮中，封為五品才人[1]。這一年，武則天才十四歲。一入皇宮深似海，母親很為女兒的未來擔憂。送別時，母親哭哭啼啼。武則天勸說母親道：

見天子庸知非福，何兒女悲乎？[2]

可以看出，少女時代的武則天是一個很有志向且性格剛強的小姑娘。可惜，入宮後的武則天苦苦做了十二年的才人，一直沒被晉升。武則天感覺自己在唐太宗這個糟老頭子這裡沒啥前途了，她需要為自己的未來物色一個潛力股。唐太宗病重後，李治常入宮

---

1 唐代妃嬪制度：皇后之下有四妃，即貴妃、淑妃、德妃、賢妃，為夫人，正一品；有九嬪，即昭儀、昭容、昭媛、修儀、修容、修媛、充儀、充容、充媛，正二品；婕妤九人，正三品；美人九人，正四品；才人九人，正五品；寶林二十七人，正六品；御女二十七人，正七品；采女二十七人，正八品。

2 出自《新唐書》卷七十六，〈列傳第一．后妃上．則天武皇后〉

照顧唐太宗。要強的武則天，在李治這裡看到了希望；柔弱的李治，在武則天這裡感到了溫情。瞬間迸發的熱情，讓兩個年輕人走到了一起。就在唐太宗的病床前，太子李治和自己年輕的小媽有了不倫之戀。不久後，唐太宗駕崩了，李治繼位，是為唐高宗。

按照唐朝的後宮制度，皇帝去世後，後宮嬪妃有兩個歸宿：如果育有子女或有品級，就隨自己的子女或官職生活；如果都沒有，就統一安置到皇家寺廟感業寺去做尼姑。小才人武則天沒有生育過，就被送去了感業寺。如果是一般人，往後餘生就要與青燈黃卷為伴，終老於佛前了。但武則天不是一般人，她不會甘於這樣的寂寞。她需要一個機會，找回自己持倉的那支潛力股。一年後，武則天的機會來了。

08 女皇武則天

侍父子則天稱帝　女強人治宏貞觀

在數千年的中國歷史中，漢族與周邊的少數民族長期共存，彼此互相影響。這種影響是雙向的，既有胡人的漢化，也有漢人的胡化。李唐王朝，就是胡化程度比較重的漢人王朝。

李唐皇室發跡於胡漢結合的關隴集團，李淵、李世民爺倆娶的都是鮮卑族妻子，他們的後代有著濃厚的鮮卑血統。李唐王朝雖以漢法治天下，但皇室成員的行事風格和生活習俗還保留了許多游牧民族遺風。比如，游牧民族沒有嫡長子繼承制，受此影響，唐初的皇位繼承時常發生搶位奪權的事情。再比如游牧民族人口稀少，缺乏勞動力，婦女也要參與勞動，因而游牧民族婦女的社會地位比漢族婦女要高；受此影響，唐初女性地位也比較高，參與政治生活的女性大有人在。此外，游牧民族不提倡女子守寡，女子喪夫後，會由丈夫的弟弟或庶出的兒子續娶，是為「收繼婚」。這種被中原禮教視為亂倫的事，在唐初的皇室中頻頻出現。誠如宋代學者朱熹所說：

唐源流出於夷狄，故閨門失禮之事，不以為異。[1]

唐太宗晚年病重時，李治和武則天之間的「病房戀情」就屬「閨門失禮之事」。

唐太宗駕崩後，武則天被送去感業寺當尼姑。一年後，時逢唐太宗祭辰，唐高宗去感業寺進香祭奠。武則天抓住機會，再次與李治相遇。兩人相見，淚如雨下，互述衷腸，舊情如乾柴遇烈火般地復燃了。李治很想把武則天接回宮，可是怎麼跟自己的皇后交代呢？皇后知道了，還不得鬧翻天？可是結果出乎意料，唐高宗的王皇后得知此事後，不但沒有鬧，還順水推舟地表示支持。原來，王皇后當時正與得寵的蕭淑妃宮鬥，她希望武則天進宮，以制衡蕭淑妃。很多時候，女人的嫉妒心容易讓自己失去理智。武則天回宮後，的確制衡了蕭淑妃，卻也鬥倒了王皇后。在武則天的一系列的宮鬥權謀下，唐高宗最後「廢王立武」，武則天成了高宗朝的正宮娘娘。

很多時候，中國古代史的發展走向取決於各派系各勢力鬥爭的結果。武則天上位，不僅得益於自己的謀略和唐高宗的愛，更是政治鬥爭形勢成全了她。王皇后出身於太原王氏，身後是關隴集團。宰相長孫無忌是關隴集團的核心人物，唐太宗的長孫皇后就是他的妹妹。唐太宗晚年，長孫無忌力保李治為太子。唐太宗駕崩時，遺命讓長孫無忌和褚遂良輔政，李治抱著長孫無忌的脖子嗷嗷痛哭。可以說，沒有長孫無忌和關隴集團的支持，李治就不可能成為太子，而後順利繼位。然而，政治是微妙而殘酷的。唐高宗坐穩江山後，開始擔憂關隴集團權勢過大，會威脅自己的皇權。所以，唐高宗要藉廢黜王皇后一事來打擊關隴集團。長孫無忌和褚遂良因反對廢后被貶出了朝廷，關隴集團也從此一蹶不振。

武則天上位後，她成了李治最親密的政治盟友和最得力的治國幫手。唐朝皇帝中有不少人受到「風疾」之病的困擾，用現代醫學的知識來解釋，李家人可能有家族遺傳的心臟腦血管疾病。這可能和李家人胡化的飲食習慣有關，他們愛吃油脂多的肉類，長期保持這樣不健康的飲食習慣容易導致高血壓，引發中風。唐高宗晚年經常頭暈目眩，犯病時，他就讓武則天幫他處理國事。武則天展現了極高的政治才幹，把國事處得井井有條。唐高宗上朝，武則天就「垂簾於後，政無大小，皆與聞之」[2]，人稱「二聖臨朝」。這種局面持續了二十多年後，唐高宗駕崩了。三兒子李顯繼位，是為唐中宗。但是李顯有些「妻管嚴」，對自己的韋皇后言聽計從。武則天無法容忍另外一個女人干預朝政，不久後，武則天將李顯貶為廬陵王，改立老四李旦為帝，是為唐睿宗。武則天又以太后

1 出自《朱子語類》第卷第一百三十六，〈歷代三〉。
2 出自《資治通鑑》卷第二百一，〈唐紀十七〉。

的身分主政了六七年，她總覺得這樣治國就像「脫褲子放屁」——多此一舉。乾脆自己當皇帝算了，女人為什麼不可以呢？六九〇年，六十七歲的武則天改國號為周，舉行登基大典，成了中國歷史上唯一的女皇帝。

武則天先後以皇后、太后、皇帝三種身分掌權，控制了唐朝大概半個世紀。在治國能力上，武則天不遜色於任何男性君主。政治上，她全力打壓貴族勢力，特別是關隴集團。她這樣做，既出於當年立后一事的個人恩怨，也順應了庶族崛起的歷史趨勢。所謂庶族，主要是指平民出身的社會精英（地主階層），是相對士族而言的。魏晉南北朝是中國的貴族時代，那時的士族依靠家族門第就可以壟斷權力，形成士族門閥政治，牽制並威脅著皇權。隨著皇權的振興，統治者勢必要打擊士族、重用庶族。武則天出身於寒門士族，沒有高門士族勢力可倚賴，只得依靠庶族。所以，她既代表皇權，又代表庶族勢力，對高門士族打心眼裡看不上。因此，許多關隴集團成員要麼被貶官，要麼被誅殺。所以，武則天時期，士族門閥政治徹底結束了，中華文明的貴族時代也終結了。

士族被擠出權力核心後，唐朝需要大量庶族出身的官員。為了選拔官員，武則天改革了科舉制，她要親自對人才進行把關，為此還創立了早期的「殿試」，親自面試考生。殿試就是科舉的最後一場考試，在皇宮裡進行，由皇帝親自監考。這樣一是能防止考官串通學子舞弊；二是把進士納為「天子門生」，在君臣關係中又加入師生情誼，進士們會更加賣命地為皇帝老師服務。武則天不僅擅長政治鬥爭，在發展經濟方面也是一把好手。她當政期間，唐朝經濟持續發展，戶數從高宗朝初期的三百八十萬戶增加到武則天末期的六百一十五萬戶，五十多年間翻了近一倍。然而，女性稱帝勢必挑戰整個父權社會，為了維護統治，武則天推行了一些極端的威權政策。比如鼓勵臣民互相告密。民眾進京檢舉可享受官方的免費食宿招待。她還重用酷吏，搞起了人人自危的恐怖統治。為了延續武周江山，她還屠戮了許多李唐宗室，重用武姓親戚。可是武家子弟並沒有什麼出色的人才，到武則天晚年時，人們又懷念起了李唐政權。

09 開元盛世

終亂局玄宗即位　迎巔峰開元盛世

七〇五年，武則天病重，親李派大臣策動禁軍發動了「神龍政變」（也稱「五王政變」）。武則天退位，唐中宗李顯復位，江山又回到李氏手中了。同年年底，八十二歲的武則天病逝，以皇后身分被葬在唐高宗的乾陵。武則天陵前被立了一塊無字碑，因為她的功過實在太難評說了。近現代學者郭沫若評價武則天「政啟開元治宏貞觀」，意思是說武則天一朝上承貞觀之治，下啟開元盛世。這個評價還是比較中肯的，武則天的確是唐朝歷史上承上啟下的重要統治者。

一個女人倒下去，更多的女人站了起來。武則天死後，她的女兒、兒媳、孫女紛紛衝到政治前臺，想效仿這位女強人幹一番事業。唐中宗復位後，他的韋皇后也動了當女皇的念頭，他們的女兒安樂公主還想當「皇太女」。這娘倆真夠狠的，竟合夥把李顯毒殺了，想要趁機奪權。李氏子孫不能再看著江山落入外姓人之手了。唐高宗的孫子，也就是廢帝睿宗李旦的兒子李隆基，在關鍵時刻聯合姑姑太平公主，果斷發兵誅殺了韋后一黨，將李旦又推上了皇位，史稱「唐隆政變」。不久後，唐睿宗李旦禪位於二十八歲的李隆基，也就是唐玄宗。一波未平，一波又起。太平公主此時蠢蠢欲動，她也想做她媽那樣的女強人。她看侄子唐玄宗不好控制，就和自己的黨羽謀劃，要麼廢掉唐玄宗，要麼將他毒殺。李隆基可不像父輩那樣軟弱，危急時刻，他發兵挫敗了姑姑的政變陰謀，太平公主最後被賜死於家中。自武則天末年以來的七八年間，唐朝宗室幾乎沒幹別的，成天搞政變。一會兒是女人衝鋒，一會兒是廢帝復辟，一會兒又要殺皇帝，非常混亂。直到太平公主被賜死，李唐江山才算穩定了下來。

塵埃落定後，唐玄宗開始撥亂反正，使唐朝又回到了向前發展的軌道上。唐玄宗改年號為開元，唐朝最為人所津津樂道的「開元盛世」開啟了。歷史上，說一個時期是盛世，一般要滿足五方面的條件：一是政治開明，皇帝幹正事，大臣講真話；二是經濟發展，民眾生活富足，人口數量增加；三是文化繁榮，文學、藝術、學術百花齊放；四是邊疆穩定，民族關係和諧融洽；五是對外開放，中外交流密切。開元年間，這五方面都達到了唐朝的巔峰。即便縱觀整個中國古代史，這五方面都能及格的時期，也是屈指可數的。接下來，讓我們從政治、經濟、文化三方面來了解開元盛世。民族關係和對外交往方面，會在之後的章節裡做詳細論述。

政治方面，唐玄宗改革了中央政府機構，裁撤了許多冗官。為了分割相權，唐初曾設置了多個宰相。除三省的六個長官[1]為宰相外，大臣如果獲得「同中書門下平章事」等頭銜，也是實際上的宰相。最多的時候，唐朝有十七個宰相。宰相雖然變多了，要幹活的却沒變多，結黨營私之事倒多了不少。比如唐睿宗重新登位後，朝中的七個宰相裡，就有五個是太平公主的黨羽，這對皇權的威脅很大。唐玄宗將宰相縮減為兩人，即中書令和門下侍中，一正一副，彼此互相制衡。

玄宗朝賢相輩出，其中最著名的是姚崇和宋璟。他倆與太宗朝的房玄齡和杜如晦齊名，並稱為「唐朝四大賢相」，後世還流傳著「前有房、杜，後有姚、宋」的美談。與房、杜這對黃金搭檔不同，姚、宋是先後接任宰相的。開元元年（七一三），唐玄宗到地方視察軍隊，地方官姚崇陪同。六十四歲的姚崇侃侃而談，把天下大事分析得頭頭是道，聽得唐玄宗如痴如醉，瞬間變成了姚崇的小迷弟。唐玄宗想讓姚崇出任宰相，但姚崇沒有立即答應，而是先提出了十條治國建議，包含實行仁政、不貪圖邊功、以禮對待臣下、不寵信宗親和宦官等，史稱「十事要說」。如果唐玄宗不答應，姚崇就不做這個宰相。唐玄宗聽完後，悉數同意，姚崇第二天就出任了宰相。姚崇為政務實，很有開拓精神。當時山東鬧蝗災，可是人們却不敢滅蝗，因為在傳統的天人感應觀看來，蝗災是上天降下的懲罰，滅蝗會讓上天更加憤怒。姚崇不信這些神神道道的，下令各地官員組織百姓以焚埋之法滅蝗，簡單粗暴且有效，頗具唯物主義色彩。姚崇當了約莫三年的宰相後，宋璟接任。經過二人的接力，唐朝社會欣欣向榮，開元盛世的大幕被徐徐拉開。值得注意的是，兩位賢相都只幹了三年左右。這就是唐玄宗的帝王權術——為了防止相權過大，宰相幹得再好，最多也只能幹三年。

唐玄宗很重視發展經濟，興修了許多水利工程，在各地大興屯田，為農業經濟發展保駕護航。他還厲行節儉，限制貴族和佛教，以減輕民眾的負擔。經濟的發展帶來了人口的增加。武則天末期，全國有六百一十五萬戶，到玄宗朝鼎盛時期，增加到九百零七萬戶。據部分學者的說法，實際上可能超過一千三百萬戶，超越了隋朝的峰值。與隋朝只有國富不同，開元盛世是國富民也富，正如杜甫在〈憶昔二首・其二〉中描述的那樣：

> 憶昔開元全盛日，小邑猶藏萬家室。
> 稻米流脂粟米白，公私倉廩俱豐實。

在文化方面，唐玄宗素以「好文」著稱。即位後，他組織文人搜集和校勘天下圖書，著錄了書籍幾萬卷，時人稱「書籍之盛事，自古未有」。例如著名的《唐六典》，這是一

---

1 唐太宗時，三省的長官為中書令二人、門下侍中二人、尚書左右僕射各一人。

部對唐朝制度進行系統性介紹的典籍，記載了國家各級機關的構成、職責、人員編制、品位、待遇等，還詳述了唐代以前的古代官制的歷史沿革，是中國現存最早的行政法典之一。開元年間，學校教育也有了空前的發展，全國各級官學在校學生有六萬餘人，且不包括醫學生、太史曆生、天文生及私學生員。詩歌創作進入鼎盛階段，音樂、繪畫、雕刻等藝術也都取得了顯著成就。不僅如此，開元時代的文化氛圍還相當開放，吸收了很多外來文化。真正的文化自信，絕不是唯我獨尊地拒絕外來文化，而是大膽地吸收與融合外來文化。這種自信，也正是開元盛世的最高姿態。

10 唐朝的社會制度

均田廢影響全域　盛世久危機重生

中國歷史存在著一種週期性規律：凡大亂之後必有大治，大治之後又必生大亂。漢末以來三四百年的紛亂時局終於隋朝的統一與繁榮，唐朝延續了隋朝以來的盛世，在開元時期達到巔峰。然而，繁華盛世之下，唐朝社會又滋生出許多新的問題。這些問題如果解決不好，天下大亂又是遲早的事。

唐朝社會問題產生的根源，在於社會形勢在開元時期發生了巨大的變化，原有的那套社會制度已經不適用於當前的社會了。古代中國的社會是傳統的農耕社會，土地制度是一切社會制度的核心。唐初實行的是均田制，這種土地制度誕生於北魏，沿襲到隋唐。所謂均田制，就是國家將土地按某種方式均分給農民。可是國家為什麼有那麼多土地呢？原來，這些土地都是國家掌握的無主土地。從魏晉到隋末，打仗就像吃飯喝水一樣頻繁，許多土地的主人要麼死於戰亂，要麼逃亡異鄉，國家能一直撿漏，擁有大量無主土地。唐朝的均田制主要針對十八歲以上的壯年男子，每人可以分得一百畝土地。其中的二十畝是永業田，子孫可繼承；另外八十畝是口分田，死後收歸國家。幾千年來，中國農民最大的願望就是擁有自己的土地。均田制在一定程度上滿足了農民的願望，農民個個在希望的田野上幹勁十足。

均田制還支撐著唐朝的賦稅制度和兵役制度。唐初的稅制是租庸調制，獲得均田的壯年男子，每年向國家交兩石粟，稱為「租」；每年為國家免費幹活二十天，如果不幹活，就交六丈絹代替，稱為「庸」；另外，每年還要根據鄉土所產，向國家交納兩丈絹（或綾、絁）和三兩綿，或是兩丈四尺布、三斤麻，稱為「調」。國家不僅需要有人交稅，還需要有人當兵。唐初實行府兵制，最多的時候，朝廷在各地設立了六百多個軍府，軍府也稱折衝府，相當於地方武裝部。折衝府在當地軍戶中挑選士兵，然後組建府兵。府兵平時在家務農，農閒時參加軍事訓練，輪流承擔國家的軍事駐守和對外作戰任務。府兵服役期間不必承擔國家的租庸調，但需要自備口糧、甲冑、輕武器，國家只提供戰馬和重武器。這種府兵制實現了兵農合一，極大地減少了國家的軍費開支。當然，府兵的戰鬥力也比較一般，畢竟大家都是業餘的農民兵。

均田制支撐著租庸調製和府兵制，三者相輔相成，既讓農民獲得了安身立命的土地，又為國家保證了稅源和兵源，可謂一舉兩得。然而，開元時期唐朝的社會的新變化，這讓三個制度都實行不下去了。

第一大變化是人口的增加。玄宗朝的人口可能達到了八千萬。這麼多人口，國家掌握的土地早就分沒了，均田制瀕臨瓦解。很多農民分不到規定數額的土地，卻還要承擔租庸調，這就很不公平。很多農民選擇逃亡，逃往他鄉成為黑戶，這樣就不用承擔租庸調了，逃亡、隱匿的農民也就成了實際的「不課戶」。你逃我也逃，越來越多的農民選擇逃亡、遷居，伴隨的是大量的田產買賣交易。這樣一來，國家掌握的戶籍、田產等，登記數量與實際情況嚴重不符，很多賦稅也就收不上來了。此外，唐朝的官員和宗室享有免稅特權，他們大量購買土地，使國家的稅源變得更少了。到天寶[1]年間，居然有三成的戶籍不需要納稅，國家出現了嚴重的財政危機。面對危機，唐玄宗並沒有進行大刀闊斧的改革。他畢竟歲數大了，不想折騰了，只想維持現狀。唐玄宗一面讓宰相李林甫進行局部調整，一面任用斂財能手大肆搜刮錢財。雖然也取得了一定效果，但並未從根本上解決問題。

第二大變化是軍事格局的改變。太宗朝，朝廷用各種羈縻政策對少數民族政權加以籠絡，同時恩威並施，拉一個、打一個，算是穩住了邊疆形勢。但這種方式並不能長期奏效，比如突厥和契丹，太宗朝以後他們一再生事，經常侵擾唐朝邊境。為了加強邊防，唐朝需要在邊疆地區派駐大量軍隊。可是均田制已經趨於瓦解，府兵制也跟著崩潰了，

1 唐玄宗第三個年號。

唐朝的兵源嚴重不足。你不給老百姓土地，老百姓憑啥給你當兵賣命呢？更鬧心的是，唐朝前期，國家疆域很大，邊防線偏遠又狹長，士兵長期駐扎很辛苦，很多人選擇當逃兵，甚至有的人以斷手斷腳的方式自殘，只為逃離。為了不當兵，唐朝的老百姓也是夠拚的。

為了解決兵源問題，唐朝改府兵制為募兵制，招募民間強壯者自願入伍，做職業軍人。募兵平時不從事農業生產，專於軍事訓練，戰鬥力較強。募兵一切軍用開支都由國家負責，不需要個人承擔。可是，國家不是很缺錢嗎？哪裡還有錢養這麼多職業軍人呢？唐朝為此推行了一個新的軍事制度，我們可以理解為「軍區制」。唐玄宗時期，朝廷在漫長的邊防線上設立了十個大軍區（兵鎮），其長官稱節度使[2]。唐玄宗給了節度使很大的權力，他們不僅可以長期領兵，還可以在軍區內任命官員和收取賦稅，讓他們自籌軍費。既擁有土地和人民，又掌握軍隊和賦稅，節度使慢慢成為一方的主宰，他們所轄區域稱「藩鎮」或「方鎮」。藩鎮的出現，雖然在一定程度上維護了邊疆的穩定，卻為唐朝埋下了一顆大地雷。以前，朝廷軍隊多於地方軍隊，地方不敢輕易造次。在天寶年間，軍力對比發生了逆轉。當時，唐朝全國軍隊有五十七萬四千人，其中藩鎮的軍隊就有四十九萬人，藩鎮軍隊遠多於朝廷軍隊。這種「外重內輕」的軍事格局非常危險，一旦地方軍隊反叛，朝廷難以招架。

在唐朝諸多的藩鎮節度使中，實力最強者是安祿山。他身兼范陽、河東、平盧三鎮的節度使，手中的兵力超過十八萬人，約占唐朝兵力的三分之一。看得出來，唐玄宗對安祿山很是信任。但就是這個唐玄宗非常信任的人，差一點就終結了李唐王朝。

2 指節度經略史。天寶年間，沿邊設有九節度使、一經略使管理邊要諸州。

11 安史之亂

一生榮辱歸天寶 大凡聖主難善終

安史之亂的爆發，既有唐朝社會衝突積累的客觀原因，也有唐玄宗奢靡怠政的主觀責任。唐玄宗當了三十年的盛世天子後，在天寶年間徹底飄了。他失去了年輕時的進取精神，變得任人唯親、拒諫飾非。開元年間後期，唐玄宗重用宦官高力士，大事自己裁決，小事直接由高力士處理。

這個高力士確實有兩下子，不但會辦事，還很懂唐玄宗的心。唐玄宗寵愛的武惠妃是武則天的侄孫女，也許是因為遺傳，武惠妃不僅有美貌，還很有心機。她設計陷害死了唐玄宗的太子和其他兩位皇子，一心想讓自己的兒子壽王李瑁做太子。唐玄宗還沒完全老糊塗，他的帝王心術告訴他：李瑁做太子，武惠妃做太后，自己和李唐江山都危險了！那到底立誰做太子呢？唐玄宗吃不下飯、睡不著覺地思索著。高力士看出了玄宗的糾結，悄悄提醒道：

推長而立，孰敢爭？[1]

唐玄宗被高力士一語點通，果斷立了年長且沒有勢力的皇子李亨為太子。並不是因為李亨足夠優秀，而是因為選他最保險。

害死了三個皇子後，武惠妃像是中了邪，總感覺自己被冤魂糾纏，沒過多久就嚇死了。人老了，關鍵得有個伴。武惠妃的死讓唐玄宗十分傷心，貼心的高力士見唐玄宗悶悶不樂，隨即向她推薦了一個美女。此美女不是別人，正是李瑁的王妃，唐玄宗的兒媳婦——楊玉環。高力士和李瑁之間多半有點仇，高力士不僅不推薦他當太子，還給他定製了一頂「皇家綠帽」。這楊玉環也確實不錯，身材豐腴，擅長跳舞，還很知心，可謂「中老年殺手」。楊玉環和李瑁本來過得也挺好，但皇帝老爹看上她了，李瑁又能說什麼呢？唐玄宗繼承了爺爺唐高宗的不光榮傳統，又給李唐皇室樹立了亂倫的「榜樣」。楊玉環入宮即得寵，次年被封為貴妃。唐玄宗整日和楊貴妃宴飲作樂，仿佛又回到了青春歲月。對一個老男人而言，這種感覺是無法抗拒的。朝中官員大多忙著討好楊貴妃，宰相張九齡的弟弟張九章，聽說楊貴妃愛吃荔枝，就不遠千里從嶺南進貢鮮荔枝，因此升官。還有一個武將更得楊貴妃的歡心，此人就是安祿山。

安祿山的祖上是中亞的粟特人，他的母親是突厥人，所以史書說安祿山是「營州雜

---

1 出自《新唐書》卷二百零七，〈列傳第一百三十二．宦者上．高力士〉

種胡」，也就是混血胡人。營州在今天遼寧朝陽，唐朝時，那裡是胡人的聚居區。混血兒有個優勢，就是從小耳聞目染，能學會多種語言。安祿山通曉六種語言，長大後以「互市牙郎」為業，相當於外貿翻譯兼中介。後來，安祿山加入了唐朝軍隊，因作戰勇猛且為人八面玲瓏，很快爬上了高位。安祿山很會搞關係，他用厚禮賄賂朝廷官員，讓他們在唐玄宗那裡宣傳自己，得到了唐玄宗的關注。天寶元年（七四二），安祿山升任平盧節度使，從此有機會進京面見唐玄宗。有了當面溜鬚拍馬的機會，安祿山更加如魚得水。安祿山很胖，體重有三百多斤[2]，肚子下垂到膝蓋了。可是安祿山是一個靈活的胖子，擅長跳胡旋舞，挺著大肚子轉起來疾旋如風。他和楊貴妃在宮中為唐玄宗跳舞，旋轉又跳躍，場面十分詼諧，逗得唐玄宗哈哈大笑。安祿山還極力討好楊貴妃，稱這個比自己小十六歲的女人為「乾娘」。楊貴妃也很會玩，安祿山生日時，楊貴妃召安祿山入宮，讓宮女用錦繡做成的大繈褓把他裹起來，再派人抬著這三百多斤的「巨嬰」在宮中巡遊。安祿山以這些不堪的逢迎方式換取了巨大的政治報酬——沒過多久，安祿山便平步青雲，身兼平盧、范陽、河東三鎮的節度使，領有唐朝約三分之一的軍隊。對唐朝來說，安祿山的兵力太危險了。

安祿山的奸佞與危險並非無人察覺，宰相張九齡曾多次勸說唐玄宗除掉安祿山，可是唐玄宗不理會。後來的宰相李林甫是一個有能力的小人，他頗有政治手段，卻沒用在正道上。唐朝前期官場有「出將入相」的傳統，業績好的武將，可以入朝為相。李林甫擔心武將入朝會威脅自己的權勢，就力保安祿山這樣的胡人做武將。因為胡人的文化水準不高，當不了宰相。李林甫成全了安祿山，却也拿捏住了安祿山。安祿山很怕李林甫，每次見到李林甫，安祿山都汗流浹背，哪怕在冬天也一樣。安祿山心裡清楚，李林甫既能成全他，也能毀滅他。李林甫死後，楊貴妃的堂兄楊國忠繼任宰相。楊國忠沒有李林甫那兩下子，控制不了安祿山，所以他就在唐玄宗面前反反覆覆地說安祿山會謀反。安祿山也有點害怕了，他怕唐玄宗耳根子軟了真拿他開刀。精心準備後，安祿山決定先發制人。

天寶十四年（七五五）十一月，安祿山以誅楊國忠為名發動叛亂，叛亂的主要領導人還有他的好友史思明，所以該事件稱「安史之亂」。叛軍常年在邊疆與胡人作戰，戰鬥力較強，承平日久的內地軍隊無法招架。叛軍如土石流般席捲北方，一個月就攻下了東都洛陽。次年，安祿山在洛陽稱帝，國號「燕」。此時，唐朝尚有約二十萬大軍部署在長安的門戶潼關。潼關易守難攻，唐軍將領堅守不出，叛軍只能乾瞪眼，耗時幾個月也無法攻入。可是唐玄宗的心亂了，聽信各種讒言。他先是處決了堅守不出的將領封常

2 編按：史書記載安祿山重約三百三十斤（唐制），約等於今日一百九十二公斤。

清與高仙芝，而後又命新主將哥舒翰出關決戰。哥舒翰被逼無奈，拍著胸口大哭，然後領兵出關，很快就被叛軍伏擊圍殲。二十萬唐軍，只有八千餘人逃回。潼關失守，長安如俎上之肉，唐玄宗慌忙跑路。途中，禁軍在馬嵬驛嘩變，他們把楊國忠亂刀砍死，將矛頭直指楊貴妃。唐玄宗還想保住楊貴妃，高力士看出了形勢危急，關鍵時刻勸唐玄宗自保。據說，最後高力士親手勒死了楊貴妃，平息了禁軍的怒火。馬嵬之變後，太子李亨北上靈武，自行登基即位，激蕩的玄宗時代結束了。

唐玄宗的一生大起大落，堪稱史上反轉最大的皇帝。前半生，他力挽狂瀾，結束了持續多年的皇室鬥爭，締造了開元盛世的巔峰偉業；後半生，他享樂怠政，又親手將唐朝推入安史之亂的深淵。「靡不有初，鮮克有終」，大凡聖主，難得善終。晚年的唐玄宗，在兒子的嚴密監視下苟活著。他經常一個人發呆，時常想念楊貴妃。唐玄宗死後被葬於泰陵，泰陵只有一座陪葬墓，裡面埋的是高力士。

12 藩鎮割據

節度使藩鎮割據 兩稅法元和中興

馬嵬驛之變，背後的主謀可能是李亨。李亨素來與楊國忠不合，遂利用禁軍的不滿情緒，借刀殺死了政敵。李亨本還想趁亂即位，但禁軍尚擁護唐玄宗。李亨苦於手中無兵，只好北上靈武，因為那裡有支持他的唐朝軍隊。就這樣，李亨在靈武即位，是為唐肅宗，唐玄宗被迫退休了。

唐肅宗在靈武組建了新朝廷，任命兒子李豫為「天下兵馬元帥」，統帥唐軍平叛。當時，僅依靠唐朝軍隊很難馬上扭轉局勢，必須找外援，唐肅宗想到了回紇人。回紇一直接受唐朝的冊封，和唐朝的關係很好。回紇人愉快地答應了幫忙，派出了幾千回紇志願軍前來支援。作為回報，唐肅宗承諾收復都城之日，

> 土地、士庶歸唐，金帛、子女皆歸回紇。[1]

1 出自《資治通鑑》卷第二百二十，〈唐紀三十六〉。

意思相當於回紇兵可以在都城劫掠。唐朝與回紇聯軍向安史叛軍發起反擊，唐朝先後收復了長安和洛陽。這回紇兵也是真不客氣，收復洛陽後，他們入城劫掠了三天。最後，百姓拿出萬匹羅錦來賄賂回紇，劫掠才結束。

唐朝這邊找到了外援，而叛軍那邊卻發生了內訌。安祿山晚年很寵愛小兒子，而這引起了嫡子安慶緒的不滿。稱帝僅一年，安祿山就被安慶緒給做掉了。後來，史思明又殺了安慶緒，可是沒幾年，史思明又被自己的兒子史朝義給殺了。就這樣，內訌讓叛軍實力大減。有些安史集團的部將，見叛軍大勢已去，便接受了唐朝招安，歸順了朝廷。七六三年，歷時八年之久的安史之亂終於被平定。

在叛亂被徹底平定的前一年，唐肅宗就病死了，他只比老爹唐玄宗多活了十幾天而已。之後，太子李豫繼位，是為唐代宗。安史之亂是唐朝由盛轉衰的轉折點，叛亂本身對唐朝的破壞極大，叛亂所留下的爛攤子更是難以收拾。

安史之亂留下的第一個爛攤子是藩鎮割據。平叛後，皇帝對有功將領論功行賞，許多軍官和安史降將被封為了節度使，統兵駐守在各地。以前僅存在於北方邊境的藩鎮，現在全國各處都有。這些藩鎮，

相望於內地，大者連州十餘，小者猶兼三四。[2]

當時有四十多個藩鎮，它們具體又可分為三大類。第一類是不聽話的割據型藩鎮，它們分布在北方地區，其中，勢力最大的成德、魏博、盧龍三鎮稱河北三鎮或河朔三鎮。這些藩鎮所轄地區是安史舊地，民族成分複雜，胡化程度較重。它們的節度使多是安史降將，表面上尊奉朝廷，實際上自行為政。割據型藩鎮的節度使會自行任命官員，不向中央納稅，節度使之位也是自行傳位，朝廷只能放任。第二類是還算聽話的防禦型藩鎮。這類藩鎮又分為兩種：一種是在割據型藩鎮南面的中原藩鎮，它們是朝廷與割據型藩鎮之間的屏障，能給朝廷當擋箭牌，相對可靠；另一種是西北藩鎮，它們為朝廷鎮守邊疆，表現得也算不錯。第三類是最聽話的東南型藩鎮，分布於東南地區。安史之亂後，中國的經濟重心開始南移，東南型藩鎮所轄地區是朝廷主要的稅源地，不斷地給朝廷輸血。唐朝最後的約莫一百五十年裡，朝廷一直在與藩鎮鬥智鬥勇。

安史之亂留下的第二個爛攤子是財政困難。為了平叛，朝廷花了很多錢。平叛以後，為了牽制藩鎮，朝廷還要花很多錢。朝廷的支出越來越多，可是進項却越來越少。早在安史之亂以前，由於均田制崩潰，租庸調製難以維繫，稅收銳減，國庫便已捉襟見肘。安史之亂爆發後，大量民眾逃亡，很多人逃往他鄉，成了不納稅的「客戶」，交稅的人

2 出自《新唐書》卷五十，〈志第四十兵〉。

就更少了。有些藩鎮還對朝廷陽奉陰違，一面巧立名目加重對民眾的盤剝，一面又誇大「客戶」數量，以此截留上交朝廷的稅款，自己在中間大肆賺取稅收差額。另外，租庸調製這種稅收制度此時已經嚴重阻礙國家的發展。因為租庸調製「以丁身為本」，也就是按人頭交稅。以前實行均田制，國家按人口分配土地，百姓沒有太大的貧富差距，按人頭交稅還算合理。可是現在均田制崩潰了，百姓占有的土地不平均，繼續按人頭交稅，窮富一刀切，很不公平。為了改革稅收制度以緩解財政危機，唐代宗的繼承者唐德宗接受了宰相楊炎的建議，推行「兩稅法」。

首先，兩稅法採取「戶無主客」的原則，所有人都得交稅。然後，政府根據需求將稅額分攤到百姓身上，按照戶稅與地稅兩項徵收，其他雜稅全免。戶稅按你家的戶等收錢，戶等標準看你家的人丁數和資產數；地稅就看你家占有的土地數量。這樣一來，地多有錢的人家多交稅，地少沒錢的人家少交稅，「以資產為宗」，不再按人頭攤派，這樣就更加公平合理。之所以叫「兩稅法」，是因為賦稅一年要分兩次徵收。這樣收稅是因為南方農作物多一年兩熟，而南方是稅收的主要來源地，兩稅法順應了經濟重心南移的趨勢。另外，兩稅法下的賦稅不再由節度使徵收與上交，改由地方州縣徵收。徵收後，一部分上交中央，一部分留給節度使，還有一部分留給地方自用，這就避免了節度使在中間賺差價。

兩稅法的實行迅速增加了朝廷的財政收入。有了錢，許多事也就好辦了。唐德宗的孫子唐憲宗即位後，他開始向不聽話的割據型藩鎮開刀。唐憲宗在位十五年，先後對六個桀驁不馴的藩鎮用兵，有效地削弱了藩鎮勢力，還終結了一些藩鎮的割據狀態。唐憲宗的治國風格也較為開明，身邊有一批仗義執言的諫臣，如抵制宦官勢力的翰林學士白居易、批評朝政的刑部侍郎韓愈。在一定程度上，唐憲宗復興了大唐氣象，歷史上稱憲宗朝的治世為「元和中興」。

13 唐朝後期政治

南衙北司鬥翻天 牛李黨爭為私怨

唐朝後期，皇帝都很糟心。唐朝外部有藩鎮割據的威脅，內部還有南衙北司之爭的困擾。唐朝的皇宮坐北朝南，南半部是前朝官署，換句話說，南衙是官員的辦公區，由宰相統領百官；北半部是後宮，是皇帝的生活區，歸內侍宦官管理。南衙北司之爭，指的就是以宰相為首的文官集團與宦官集團之間的鬥爭。

唐初，宦官權勢不大，但南衙與北司的職責劃分得很明晰。即便是作為百官之首的宰相，也不能過問後宮事務。太宗朝，朝中重臣房玄齡與高士廉在皇宮中偶遇了少府監竇德素（少府監是掌管後宮工程的領頭宦官）。或許是為了寒暄，二人問竇德素：皇宮北門最近是不是有啥工程啊？竇德素將此事報告給了唐太宗，唐太宗大怒，把房玄齡等人叫過來大罵道：

君但知南牙（衙）政事，北門小營繕，何預君事！[1]

意思是說，你管好外朝的政事就可以了，後宮的工程，關你屁事！最後多虧魏徵的勸解，唐太宗才消了氣。唐太宗生氣並不是因為房玄齡等人話多，而是因為房玄齡等人越界過問了後宮事務，這對皇帝而言很是忌諱。後宮事務關係到皇帝的隱私和安全，只能由宦官負責。歷代皇帝都很信任宦官，一是因為宦官日夜陪伴著皇帝，二者的關係更為親近；二是因為宦官不能生育，即便他們掌握了權力也不能自立為帝。

唐初的皇帝都比較能幹，宦官沒有什麼干政的機會。到了玄宗朝後期，情況開始發生變化。唐玄宗晚年怠政，天天和楊貴妃在後宮中尋歡作樂，懶得處理朝政。於是，唐玄宗就把一些政務交給宦官高力士處理，開啟了宦官干政之先河。高力士雖然會干政，但並不會亂政，他對唐玄宗忠心耿耿，深得唐玄宗寵信。唐玄宗曾對人說：

> 力士當上，我寢則穩。[2]

意思就是，高力士辦事我放心，我能睡得安穩。唐肅宗自行即位後，對老爹唐玄宗

---

1 出自《資治通鑑》卷第一百九十六，〈唐紀十二〉。

2 出自《舊唐書》卷一百八十四，〈列傳第一百三十四・宦官・高力士〉。

嚴加監視，並把高力士流放了。一年多後，高力士遇大赦允許回京，他一心要回去繼續侍奉唐玄宗。可惜，在回京的路上，高力士得知了唐玄宗駕崩的消息。高力士北望長安號啕痛哭，七天不吃不喝，最後吐血而死。高力士是一個有情有義的宦官，但並不是所有的宦官都如此。安史之亂後，宦官勢力開始坐大。一個關鍵的原因是宦官開始掌握兵權。德宗朝，朝廷將西北精銳的邊防軍神策軍調入京師，改編為皇家禁軍，神策軍擴充到了十五萬人，成了朝廷最強悍的軍事力量。由於安史之亂留下的陰影，唐朝皇帝不再信任武將，唐德宗就將禁軍交給宦官統領。此後，宦官統領禁軍成了慣例。手握兵權後，宦官們頓時感覺整個人都有力量了，開始上躥下跳。

宦官的崛起，不僅壓制了文官集團，還威脅到了皇權。唐德宗之後是唐順宗，後者做了二十五年的太子，早就看宦官集團不爽了。即位之後，唐順宗立即對宦官開刀，罷免了一些宦官機構。比如罷宦官所掌的宮市，這個部門負責宮中用品採購，說是採購，實際上是強買強賣，甚至是巧取豪奪。〈賣炭翁〉詩裡蠻橫的黃衣使者白衫兒，指的就是宮市宦官。唐順宗又任命武將統領神策軍，想藉機收回宦官的兵權。這下子宦官著急了——收回兵權，這無異於對我們進行「二次閹割」，絕對不可以！宦官勾結藩鎮勢力發動政變，強迫唐順宗把皇位禪讓給太子，太子登基，是為唐憲宗。可憐的順宗皇帝，做了二十五年太子，上臺僅二百多天就被宦官炒了魷魚，禪位第二年，他就憋屈死了。唐憲宗上臺後，雖然對外部藩鎮多番壓制，使「元和中興」出現，但內部的宦官問題，他始終沒能解決。憲宗朝末年，宦官又發動政變，暗殺了唐憲宗。唐朝皇帝重用宦官，本來是想利用宦官牽制文臣集團，可是萬萬沒想到，宦官却把皇帝一起牽制了。宦官成了唐朝後期實際的權力核心，可以廢立甚至殺害皇帝。後人皆知漢、明兩朝的宦官很厲害，但要說宦官干政的巔峰時代，無疑是唐朝。

唐文宗時期，為了幹掉宦官集團，皇帝與宰相聯合，策畫了一場滑稽的未遂政變。太和九年（八三五），唐文宗朝會群臣，有大臣上奏說左金吾衛仗院內的石榴樹上夜降甘露。金吾衛是負責皇宮和京城警衛、儀仗的武官，甘露是指甜美的露水，古人認為天降甘露是祥瑞之事。實際上，那天夜裡並沒有什麼甘露，這是皇帝和文臣們事先策畫好的計謀。唐文宗假裝很興奮，讓領頭宦官帶著人前去查看。等宦官們進入左金吾衛仗院內，那裡埋伏好的軍士就會將宦官們擊殺。文臣們長期被宦官壓制，可能被嚇怕了，當宦官進入院子後，領頭的文臣韓約滿頭大汗。宦官們很賊，看到韓約冬日裡滿頭大汗，頓時察覺到事情不對勁。恰巧此時一陣風吹過，院中的帳幕被吹了起來，宦官們看到帳幕後竟是手持武器的軍士。宦官們奪路而逃，跑到前朝把唐文宗挾持回後宮。隨後，宦官們派出了神策軍，對南衙的大臣展開了血腥報復，被牽連者有上千人。「甘露之變」後，宦官集團更加緊抓兵權，牢牢控制朝政。他們「迫脅天子，下視宰相，陵暴朝士如草芥」[3]，這種宦官擅權的現象一直持續到唐末。

文臣被宦官壓制，也有文臣內部不夠團結的原因。文臣們各有利益集團，黨爭非常激烈。最嚴重的黨爭，是持續了近四十年的牛李黨爭。牛黨的首領是牛僧孺，牛黨的核心人士多為科舉進士出身的庶族；李黨的首領是李德裕，李黨的核心人物多是山東士族出身。兩黨在許多政治問題上存在嚴重分歧，比如對待藩鎮問題上，牛黨主張妥協息事，李黨主張強硬鎮壓。兩黨之間的爭論，並非都是政策優劣或是非問題，還有多是出於集團利益和個人恩怨的鬥爭。可謂意氣用事，將個人恩怨淩駕於家國之上。

外有藩鎮割據，內有宦官專政與文臣的持續黨爭。唐朝後期的政治格局錯綜複雜，皇帝步履維艱。可是上天似乎還在眷顧李唐，在這種艱難環境中，唐朝居然又頑強地維持了大概一百五十年，也堪稱王朝的奇蹟。

---

3 出自《資治通鑒》卷第二百四十五，〈唐紀六十一〉。

14 突厥與回紇

東西突厥全被滅 此路朝覲天可汗

隋唐以前，中國經歷了持續幾百年的大分裂時期。那時候，北方曾有多個少數民族政權並立，不同民族之間的交流頻繁而深入。李唐王朝正是民族交融所碰撞出來的火花，誠如歷史學大家陳寅恪所評價的那樣：

> 李唐一族之所以崛興，蓋取塞外野蠻精悍之血，注入中原文化頹廢之軀，舊染既除，新機重啟，擴大恢張，遂能別創空前之世局。[1]

唐朝之所興，源於民族交融。李唐王朝存在的近三百年裡，又推動著這種民族交融。中國北方的大草原，歷來是游牧民族的搖籃與舞臺。這裡信奉強者法則，強大的民族可以主宰草原，統領其他游牧民族。繼匈奴與鮮卑之後，突厥人於六世紀在草原上崛

1 出自陳寅恪：《陳寅恪集》，〈李唐氏族之推測後記〉。

起，建立起東起遼海西到西海（今裏海）的突厥汗國，東西橫跨上萬里。隋朝建立後，朝廷和突厥展開了全面較量。隋文帝看出了突厥的弱點，儘管突厥的疆域很廣闊，但其內部很不穩定，好幾個可汗各自為政，並不團結。隋朝一面對突厥進行軍事進攻，一面對它進行分化瓦解。很快，突厥汗國就分裂成了東突厥和西突厥兩部。隋朝末年，趁著隋朝統治的崩潰，東突厥又強大起來了。同一時期，李淵在晉陽起兵，其根據地北邊就是突厥。據說，為了獲得突厥人的支持，李淵曾向東突厥稱臣，接受東突厥的冊封。李淵還曾向突厥人許下承諾：打下中原後，土地人民歸唐朝，財物歸突厥。在突厥人的幫助下，李淵成功問鼎中原。

唐朝建立後，突厥人經常南下劫掠，他們覺得這是理所當然的，因為李淵欠了他們。玄武門之變後，東突厥頡利可汗得知唐朝內部生變，率十餘萬大軍南下，一直打到長安附近的渭河北岸。當時長安的守軍只有幾萬人，唐太宗臨危不懼，親率六騎到渭河南岸，隔著渭河對頡利可汗破口大罵，罵他背信棄義攻打唐朝。頡利可汗看唐太宗這樣硬氣，又見唐太宗不遠處的唐軍「軍容大盛」[2]，心裡就犯了嘀咕——他以為唐朝還有大軍在後面埋伏。想必頡利可汗不愛讀書，沒聽過「空城計」的故事。最後，突厥和唐朝達成和平協議，殺白馬立盟，史稱「渭水之盟」。訂立渭水之盟是唐朝迫於形勢的緩兵之計，突厥撤軍後，唐太宗開始全面練兵備戰。唐太宗暗中支持東突厥的二號人物突利可汗，還扶持突厥治下的少數民族部落薛延陀和回紇，讓他們攪和頡利可汗的統治。貞觀三年（六二九），東突厥遭遇嚴重的雪災，內部還發生了分裂，唐太宗趁機發兵十餘萬進攻東突厥。第二年，東突厥滅亡，頡利可汗被唐軍俘獲。

在威服了東突厥後，唐太宗在東突厥故地設置了羈縻府州進行管理。「羈」是指馬絡頭，「縻」是指牛韁繩，所謂「羈靡」，便是像牽引牛馬那樣拉攏、控制對方。在民族政策方面，「羈縻」則意味著任用少數民族首領為地方官員，以此籠絡與控制地方。羈縻府州的長官由本民族首領擔任，他們同時兼任唐朝都督或刺史等官職，可以世襲。羈縻府州可以不實行內地的制度，也可以不向中央交納賦稅，保留原有的民族治理習慣，實行高度自治。後來，唐朝將羈縻府州制度推廣到其他的邊疆地區，見於史志的羈縻府州就有八百五十六個。這一制度體現了「因俗而治」的務實的政治理念，既維護了國家統一，又尊重了少數民族的習慣，後世王朝多有借鑒或沿襲。

在羈縻府州之上，唐朝還設置了都護府。都護府既是駐軍機構，又是地方政府，管理轄區軍政及民族事務。唐太宗與西突厥爭奪西域時，在今吐魯番市東部設立了安西都護府。高宗朝，西突厥被唐朝所滅。之後，武則天在天山以北的庭州（今新疆吉木薩爾

2 出自《舊唐書》卷二，〈本紀第二．太宗上〉。

北破城子）設立了北庭都護府。兩大都護府控制著西域的廣大地區，保證了陸上絲綢之路的暢通，促進了唐朝與西域的文化交流與商貿往來。

唐朝用武力征服了突厥，卻沒有奴役突厥人。在開明的民族政策下，大批突厥人歸附唐朝，遷居長安的突厥人就有近萬家。突厥人還能在唐朝做官，五品以上的突厥高官有一百多人。突厥文化在唐朝也很是流行，尤其是在上層社會中。突厥人習慣住帳篷，唐朝人紛紛模仿，大詩人白居易就在自家庭院裡搭了兩頂帳篷用於招待客人。突厥雖被唐朝征服，但突厥文化受到了唐朝人的追捧，這就是唐朝海納百川的文化自信。在包容而開放的唐朝，少數民族的人民沒有感到被壓迫，也沒有感到被排斥，他們認為唐朝就是大家共同的朝廷。唐太宗也多次表達他「天下一家」的理念，他曾說：

> 自古皆貴中華，賤夷、狄，朕獨愛之如一。[3]

唐太宗所實行的開明的民族政策讓他獲得了各民族的擁戴，少數民族尊稱他為「天可汗」。唐朝北部邊疆有一條通往長安的道路，這條路上，各民族朝見唐太宗的使者絡繹不絕，所以這條路也被稱為「參天可汗道」。

突厥勢力衰落後，曾受突厥控制的薛延陀和回紇兩大部族又在漠北草原崛起，成了漠北雙雄。薛延陀蠢蠢欲動，總是想挑戰唐朝的權威；回紇就比較明智，一直緊抱著唐朝的大腿。後來，唐朝聯合回紇滅了薛延陀，回紇由此占據了薛延陀大部分土地。唐玄宗時期，唐朝冊封回紇首領骨力裴羅為懷仁可汗，此後，回紇與唐朝一直保持著友好而密切的關係。安史之亂爆發後，回紇還曾出兵幫助唐朝平叛，對唐朝有再造社稷之功。當然，回紇人也撈了不少好處。平定安史之亂期間，回紇曾在中原大肆劫掠。後來，回紇又要求唐朝每年用絹來換回紇的馬匹，但換來的馬匹多病弱不可用，為此唐朝苦不堪言。

唐德宗時期，回紇人通報唐朝，請求改稱回紇為「回鶻」。鶻是一種鳥，回鶻取「回旋輕捷如鶻」之意。改名之後，回鶻不知怎麼地就開始倒楣了，自然災害不斷，內部還相互殘殺，以致汗國崩潰。回紇（鶻）汗國滅亡後，一部分回鶻人南遷，歸順了唐朝；大部分回鶻人向西遷徙。西遷的回鶻人中，有一支遷至西域的吐魯番地區，被稱為「高昌回鶻」或「西州回鶻」。後來，蒙古人稱高昌回鶻為「畏兀兒」，可以說，回鶻人就是中國維吾爾族同胞的祖先。

3 出自《資治通鑒》卷第一百九十八，〈唐紀十四〉。

15 渤海國、吐蕃、南詔

渤海代替高句麗　南詔遊走唐蕃間

唐太宗對突厥的恩威並用取得了良好的效果，但面對高句麗，唐太宗就有些力不從心了。高句麗是地處中國東北的少數民族政權，也稱高麗[1]。高句麗文明是一種漁獵兼農耕的複合型文明，高句麗人既有中原人的勤勞，又有東北人的彪悍。立國幾百年來，高句麗一直讓中原政權頭疼不已。前朝的隋煬帝，三征高句麗失敗而引發農民起義，最終身死國亡。唐太宗在位時期，他威服了周邊的各個少數民族政權，唯獨高句麗不服唐太宗。唐太宗晚年時開始對高句麗用兵，他也像隋煬帝那樣親征。由於高句麗的頑強抵抗，唐太宗並未征服高句麗，但也把高句麗折騰得夠嗆。唐太宗死後，唐高宗繼承了唐太宗的遺志，趁熱打鐵繼續對高句麗用兵，終於在六六八年將立國七〇五年之久的高句麗消滅。

在邊疆地區，一個民族倒下去，很快會有另一個民族站起來。高句麗亡國後，東北地區的靺鞨崛起。靺鞨部落眾多，最強大的是南、北兩部：北部生活在今黑龍江一帶，稱為黑水靺鞨；南部生活在今松花江、長白山一帶，稱為粟末靺鞨。武則天時期，粟末靺鞨首領大祚榮聯合其他靺鞨部落，並收納了部分高句麗人，建立了渤海國政權。渤海國比高句麗明智，懂得要和唐朝老大搞好關係。渤海國接受了唐朝的羈縻政策，國王接受唐朝的冊封，唐玄宗就曾冊封大祚榮為渤海郡王。在唐朝的庇護下，渤海國茁壯成長，全方位地學習了唐朝的制度與文化。極盛時期的渤海國，其疆域不僅包括今天的東北地區，還囊括了今天的朝鮮半島北部和俄羅斯的遠東地區，被稱為「海東盛國」。

唐朝以前的中原王朝，邊患主要來自西北的西域、北方的草原，還有東北的白山黑水之地。可是到了唐朝時，中原王朝又多了一個新的邊患，它來自西南的雪域高原。

西藏高原一帶自古便存在著多個部落。六世紀時，高原上主要有三大勢力，實力最強的是西南部以農業為主要生產方式的吐蕃（另外兩大勢力是羊同和蘇毗）。就在唐朝建立後不久，吐蕃贊普[2]松贊干布[3]完成了西藏高原的統一事業，定都邏些（今西藏拉薩），建立了強大的吐蕃王朝。松贊干布早就聽說唐帝國是一個先進且繁榮的國家，很想和唐朝深入交往。松贊干布還聽說，唐朝有嫁公主和親之事，而且會給貴重的陪嫁，

1 五六〇年，高句麗國王被北齊政府封為高麗王，此後高句麗也稱高麗，這一時期的高句麗處於「高氏高麗時代」，高氏高麗與後來朝鮮半島出現的王氏高麗並非同一個政權。

2 意為「雄壯的丈夫」，是對吐蕃君長的尊稱。

3 編按：松贊干布（六一七～六五〇），又譯作「棄宗弄贊」（見《新唐書》）。

於是，他也想迎娶一位唐朝公主。松贊干布派使者來到長安，向唐朝提出了和親請求，不料被唐太宗拒絕了。唐太宗拒絕松贊干布，可能出於兩個原因：一是吐蕃和唐朝剛建立外交關係，松贊干布就「求婚」，如果馬上答應，那就顯得唐朝太不矜持了；二是吐蕃與唐朝之間的青海地區存在著一個臣服於唐朝的吐谷渾政權，如果唐蕃和親，可能會讓吐谷渾「吃醋」，甚至使其倒向吐蕃。「示愛」被拒後，松贊干布由愛生恨。從唐朝回來的吐蕃使者對松贊干布說是吐谷渾從中作梗，唐朝才拒絕了和親。松贊干布大怒，親率吐蕃大軍征討吐谷渾，並在打敗吐谷渾後舉兵進犯唐境。唐太宗派出五萬唐軍前去迎戰，擊敗了吐蕃軍隊。這是吐蕃對唐朝實力的初體驗，松贊干布趕緊派人到長安去請罪，並再次提出和親請求。這一次，吐蕃拿出了更多誠意，由大相祿東贊攜帶大量黃金和珠寶等貢品到訪長安，請求和親。唐太宗也看出吐蕃確實有兩下子，於是將宗室女子文成公主許配給松贊干布，實現了唐蕃和親。文成公主入藏，儼然一個大規模援藏項目——不僅有大量的隨從人員和寶物，還帶著佛經、醫書、工藝書、醫療器械等物品，為吐蕃帶去了先進的中原文化和技術，促進了吐蕃的快速發展。在之後的松贊干布統治時期，唐朝和吐蕃基本維持了友好關係。

松贊干布死後，吐蕃再次出兵青海，擊敗了吐谷渾並占其土地，嚴重威脅了唐朝邊疆的安全。高宗朝，唐、蕃之間爆發大非川之戰，五萬唐軍被吐蕃打得幾乎全軍覆沒。

在西域，吐蕃也與唐朝展開了激烈的爭奪戰。直到唐中宗時，唐朝又嫁了金城公主給吐蕃贊普棄隸縮贊，雙方才實現了暫時的和平。安史之亂爆發後，吐蕃趁機攻入唐朝內地。唐代宗時期，吐蕃一度攻入了長安。八世紀下半葉，吐蕃國力達到極盛，西域地區基本落入吐蕃之手，吐蕃幾乎與唐朝平分天下。但長期的對外戰爭也消耗了吐蕃的國力，進入九世紀後，吐蕃走向了衰落。在唐穆宗時期，唐、蕃都打不動了，於是雙方和解，舉行會盟，史稱「長慶會盟」，這次會盟的盟碑至今還屹立在拉薩的大昭寺門前。因為唐朝嫁過去了兩位公主，吐蕃贊普常以「舅甥關係」來形容唐、蕃間的親近關係。可是這個外甥也真是把舅舅折騰得夠嗆，二百多年的「相愛相殺」貫串了唐、蕃兩國歷史的始終。直到唐末，吐蕃王朝瓦解，一切煙消雲散。

在唐、蕃爭鬥期間，夾在中間的雲南是雙方都爭相拉攏的對象。雲南自古民族眾多，唐初，那裡活躍著六個王國，史稱「六詔」，詔就是王的意思。六詔中，南詔抱緊了唐朝的大腿，發展得最快，最後統一了六詔，建立了南詔國。玄宗朝，唐玄宗冊封南詔國王皮邏閣為雲南王，對雲南實行羈縻統治。唐朝力挺南詔，是希望借助南詔控制雲南，進而牽制吐蕃。可是，雙方的友好關係很快就因一個桃色事件鬧掰了。皮邏閣死後，閣羅鳳[4]繼任南詔王。雲南太守張虔瞧不上閣羅鳳，不僅調戲他的王妃，還向朝廷誣告閣

4　南詔人的命名習慣是父名尾字為子名首字，例如皮邏閣、閣羅鳳、鳳伽異、異牟尋。

羅鳳，受辱的閣羅鳳便殺了張虔。這還了得？殺害唐朝官員無異於反叛，唐朝大軍氣勢洶洶前來討伐。閣羅鳳也不甘示弱，立即倒向吐蕃。吐蕃大喜，冊封閣羅鳳為「贊普鍾」，意思是「贊普的弟弟」。在吐蕃的幫助下，南詔擊敗了前來討伐的唐軍。幾年後，唐朝再次討伐，二十萬大軍被南詔打得全軍覆沒。就這樣，南詔左右逢源，遊走於唐朝與吐蕃之間近一百年。吐蕃王朝崩潰後，南詔又維持了幾十年的統治，於九〇二年因內亂而亡國。五年後，唐朝也滅亡了。

16 唐朝與日本、新羅

白村江一戰千年 傳佛法鑒真東渡

唐朝初年，朝鮮半島正處於「三國時代」。這裡的「三國」，指的是朝鮮半島南部的新羅和百濟，還有北部的高句麗。高句麗起源於中國東北，後來擴張到朝鮮半島，是中國古代的邊疆政權。高句麗在三國中實力最強，經常修理新羅和百濟。新羅和百濟自知不是對手，就找外援來幫忙。百濟與隔海相望的日本結盟，新羅則抱緊了唐朝的大腿。唐朝處理周邊關係時很擅長借力打力，經常用以夷制夷的套路。所以，唐朝愉快地支持新羅，讓這個盟友幫忙打高句麗。隋、唐兩朝，統治者一直執著地進攻高句麗。長期的戰爭讓高句麗國力不支，沒辦法，它也和日本、百濟結盟，共同對抗強大的唐朝。逐漸地，朝鮮半島形成了兩大陣營，一方是新羅與唐朝，另一方是日本、百濟與高句麗。

很多時候，選擇比努力更重要。有了唐朝大哥的支持，新羅的春天到來了。唐高宗時，唐羅聯軍先拿百濟小試牛刀，很快就滅掉了百濟。百濟背後的大哥日本坐不住了，六六三年，約三萬日軍氣勢洶洶地前來支援百濟。在朝鮮半島的白村江口（今韓國群山附近），兩個大哥幹起來了——唐日白村江之戰爆發。當時日軍有戰船一千餘艘，唐軍只有一百七十餘艘，唐軍明顯處於劣勢。但唐軍的戰船更高大，性能更精良，再加上唐軍將領指揮得當，最終把日軍打得暈頭轉向。據史書記載，日軍有大概四百艘戰船被唐軍的「火箭」焚毀，「煙焰漲天，海水皆赤」[1]。擊敗了日本援軍後，唐羅聯軍又對高句麗發起了進攻。六六八年，唐朝軍隊圍攻高句麗都城平壤。最後，高句麗僧人信誠打開城門引唐軍入城，立國七百餘年的高句麗宣告滅亡。

高句麗滅亡後，唐朝在平壤設立了安東都護府等機構，想將朝鮮半島納入唐朝版圖，這讓新羅很不爽。新羅翻臉不認人，轉過頭來又和大哥開戰。唐、羅打了幾年，互有勝負，都不太想繼續打了。對唐朝而言，朝鮮半島確實很難搞，不僅因為它距離遙遠，還因為朝鮮半島上的民族它們的獨立意識太強。即便滅了新羅，也會有新的政權崛起，永遠滅不完。另外，唐朝還陷入了與吐蕃的戰爭，大非川之戰讓唐朝慘敗。與新羅相比，吐蕃才是唐朝的肘腋之患，沒必要和新羅繼續糾纏。新羅這邊也無力和唐朝長期為敵，於是，新羅主動低頭，派使入唐謝罪，算是給大哥找了一個臺階下。最後，唐朝放棄了朝鮮半島，將安東都護府遷到今遼寧境內，默許了新羅對半島的控制。此後，半島歷史進入了統一的新羅時代，某種意義上，新羅是朝鮮半島歷史上第一個統一的民族國家。

唐、羅和解後，兩國保持著穩定的朝貢往來。大量新羅商品進入唐朝，居唐朝進口商品的首位。新羅的留學生絡繹不絕，他們中的很多人在唐朝考科舉，還有人在唐朝做官，最著名的便是崔致遠。據說，崔致遠十二歲跟隨商船來到唐朝，臨行前，父親告訴他，十年內務必考中進士，否則你別說是我兒子！最終，崔致遠不負父親的期望，十八歲就進士及第，而後在唐朝為官約十年。崔致遠的文學造詣很高，黃巢起義時，他曾撰寫〈檄黃巢書〉（〈討黃巢檄文〉），文筆非常犀利。相傳，黃巢讀到「不惟天下之人皆思顯戮，抑亦地中之鬼已議陰誅」一句時，驚恐地從床上跳了下來。在唐朝，來自新羅的婢女也很受歡迎，新羅婢皮膚白晰，臉蛋圓潤，能歌善舞，備受唐朝貴族的追捧。新羅音樂也在唐朝流行起來，它以「琴、歌、舞」結合的音樂形式掀起了新風潮。新羅音樂不僅在唐朝宮廷內演出，還廣泛流行於民間。

白村江一戰，唐朝把日本人打醒了，奠定了之後千年間的中日關係。日本人很務實，他們從不介意向強者學習，哪怕是曾經的敵人。戰敗後，日本人認識到了唐朝的先進和日本的落後。此時正值日本國內推行大化改新運動，日本統治者決定全面學習唐朝的制度和文化。日本先後派出了十幾批遣唐使團，後幾批的規模都在五百五十人以上。使團中，不僅有官方的使臣，還有大量的留學生和學問僧。他們學習了唐朝的制度與文化後，將所學傳回日本，又在其中融入了日本特色。比如日本的文字，其主體來源於中國的漢

1 出自《舊唐書》卷八十四，〈列傳第三十四．劉仁軌〉。

字，漢字表意比較直觀，但讀音很難掌握，所以日本人又借用漢字發明了假名，來給漢字標音。相傳，日本留學生吉備真備把漢字楷書體的部分偏旁截取過來，創造了「片假名」；學問僧空海又根據一些漢字的草書體創造「平假名」。假名結合漢字，就形成了後來的日本文字。今天，很多日語中的漢字依舊保留著古漢語的意思。比如，走在日本的大街上，有的商鋪門口會掛一個「湯」字門簾，這實際上是浴池的意思，因為古漢語裡的「湯」表示熱水。有的中國遊客將「湯」理解為現代漢語的熱湯，把日本湯屋當成賣湯的餐飲店，還因此鬧出過笑話。

唐朝時，不僅有日本人來唐朝，還有唐朝人去日本。唐朝和尚鑒真受到日本僧人的邀請，冒著生命危險前往日本想去傳播佛法。說「生命危險」可不是開玩笑的，因為那時的造船和航海技術不發達，東渡日本是九死一生的。玄宗朝，曾有四艘載著遣唐使的船返日，每船有一百五十人左右，返日途中，一艘船失蹤了，還有一艘船僅剩四人回到日本。鑒真前幾次的東渡都被意外阻攔或遭遇風暴迷航。第五次東渡的時候，船隻在海上被大風吹跑了十六天，本來想去日本，結果被吹到了今海南三亞，鑒真的眼睛還累瞎了。五年後，雙目失明的鑒真第六次東渡日本，終於成功。鑒真在日本受到了極高禮遇，成了日本佛教的宗師。

唐朝時，日本的首都是奈良，時稱平城京。奈良的城市規劃與建築，處處仿造長安。

在今天奈良東大寺的正倉院內，還收藏著許多唐朝時傳入的物品，裡面或許就有鑒真帶過去的。正倉院內的唐代文物是大唐文化的象徵，經過了一千多年的滄桑歲月，至今仍訴說著唐朝歷史之恢宏與中日關係之源遠流長。

17 唐朝與印度、阿拉伯

唐玄奘偷渡取經　王玄策大戰天竺

唐朝文化的偉大，在於包容與開放。這種開放是雙向的，既能輸出自身文化，又能吸取外來文化，可謂收放自如。唐朝吸收的外來文化成果，不僅有新羅傳入的音樂，還有從天竺取回的佛教真經。

佛教誕生於天竺（古印度），漢朝時經西域傳入中原。唐朝時，佛教迎來了大發展，在武則天時期成了事實上的國教。可是，唐朝人對佛教教義的理解卻出現了分歧。最初傳入中原的佛經都是用梵文或其他異域文字書寫的，中原人想學習佛教教義，就要把佛經的內容翻譯成漢文。佛經裡有很多深奧的詞匯，比如佛、度、涅槃等，很難一下子解釋清楚。在翻譯佛經的時候，翻譯者的主觀理解往往占了主導。久而久之，由於對佛經的翻譯和對教義理解不同，佛教在中國衍生出了許多宗派。唐朝時，各宗派相互爭論，甚至出現了互相矛盾的觀點。唐太宗時，有一位法名叫玄奘的僧人，他決心去佛教誕生地天竺探尋佛教的「真經」。玄奘這段經歷，就是小說《西遊記》裡唐僧取經的故事原型。

唐朝人通常從陸上絲綢之路去天竺，要經轉西域。唐初，西域被西突厥控制了，想通過那裡等於出國。今人出國要持有護照，唐朝也要持有護照，即「過所」。每到邊關隘口，憑過所才可通行。到了國外，還要憑過所證明自己的身分，外國官府審核後，若無問題，會在過所上面加蓋印璽。《西遊記》裡提到的「通關文牒」，指的就是過所。過所上登記的信息比較詳細，包括持有者的個人信息、出發地和目的地、出行原因和時間、隨行人員和所帶物品等。玄奘出行前，唐朝與西突厥的關係比較緊張，雙方都在邊境實行了嚴格的封邊政策，玄奘屢次申請過所都未獲批准。最後，求法心切的玄奘決定偷偷前往天竺。

西行道路漫長且艱辛，玄奘並沒有能降妖伏魔的徒弟陪伴他，大多數時間裡，玄奘都是自己背著經篋，一個人孤獨地走在荒涼的原野中。現實中，玄奘西行所遇到的艱難險阻並不比《西遊記》裡描寫的少。途中，玄奘經過了坐落在火焰山腳下的高昌國。這裡的艱難險阻並不來自火焰山的熊熊烈火，而來自高昌王火一般的熱情。高昌王早年間去過長安與洛陽，見識過唐朝發達的文明。這一次，高昌王又被玄奘精深的佛學修養所折服，他想把玄奘留在高昌講經說法。高昌王許諾給玄奘國師待遇，玄奘卻婉拒了，道：「貧僧此行不是為求供養而來，大唐佛典尚不齊全，貧僧捨命西行是為了求取未聞之佛法。」可是高昌王執意挽留玄奘，還放狠話說：「你要是不留下，天竺你也別去了！」沒辦法，玄奘只能絕食抗議，四天後就奄奄一息了。玄奘的執著感動了高昌王，最後，二人在佛祖面前結拜為兄弟。高昌王還派出了大概三十人的隊伍護送玄奘西行，還致書多個沿途國家的統治者，請他們關照玄奘。在高昌王的幫助下，玄奘平安到達天竺。

玄奘在天竺生活了十餘年，主要在佛學中心那爛陀寺學習佛法，獲得了很高的佛學造詣。貞觀十九年（六四五），玄奘帶著六百五十七部佛經、七尊佛像與一百五十粒佛舍利回到長安。唐太宗極為重視，在長安城的大慈恩寺設立譯場，翻譯玄奘帶回來的梵文佛經。譯場相當於古代版「外語學院」，這裡不僅能翻譯外文書，還能教授外語。太宗朝，譯場的人員超過六百人，規模相當大。玄奘主持翻譯佛經十九年，翻譯了佛經一千三百三十五卷、一千三百萬字。玄奘及其弟子還將玄奘西行的經歷整理成了《大唐西域記》一書，該書成為後世研究中亞和印度等地區的寶貴資料。書中，玄奘將天竺翻譯為「印度」，從此便有了印度這一名稱。另外，玄奘還告訴了唐太宗一件很甜蜜的事——天竺盛產蔗糖。

唐朝以前，中國人還不會製作在今天被廣泛使用的蔗糖，彼時中國人製作甜味劑的原料主要是蜂蜜和麥芽糖，它們的甜度遠不如蔗糖。絲綢之路開通後，西域商人用蔗糖交換中原的絲綢，蔗糖作為稀罕物傳入中原。西域各國的製糖術多半是從印度學的，印度人很早就會製作蔗糖了，有塊狀的石蜜（乳糖，一說冰糖），還有沙礫狀的砂糖。糖的英語是「sugar」，德語是「Zucker」，法語是「sucre」，都源自梵文「arkarā」，原意為砂石，引申義指砂糖。唐太宗很想從印度引進製糖術，然後在中原生產蔗糖。印度當時處於分裂狀態，在恆河中下游地區有個摩揭陀國，其國王很仰慕唐朝。貞觀二十一年（六四七），唐太宗派出以王玄策為領隊的唐朝使團出使摩揭陀國。為了顯示大唐國威，使團帶了許多財物，準備送給印度的各個王國。不料，摩揭陀國發生內亂，篡位上臺的國王不僅沒把唐朝當回事，還見財起意，洗劫了唐朝使團。王玄策是個很有膽量的人，他並沒有跑回遙遠的大唐求救，而是跑到了鄰近的吐蕃。吐蕃贊普松贊干布不久前迎娶了文成公主，吐蕃和唐朝的關係正熱乎呢！王玄策從吐蕃和尼婆羅（今尼泊爾）借來了數千精兵。憑藉這支外援部隊，王玄策攻破摩揭陀國，俘虜了一萬二千人，篡位的國王被押送到長安。這一戰，王玄策可謂「一人滅一國」，聲震全印度。戰後，唐朝不僅獲得了印度各國的尊重，還如願學會了製糖術。

唐朝的對外戰爭中，還有一場歷史性的戰役，它就是唐朝與阿拉伯帝國之間的怛羅斯之戰。伊斯蘭教創始人穆罕默德基本統一阿拉伯半島後，阿拉伯人不斷對外擴張，逐漸建立起了政教合一的阿拉伯帝國，中國史籍稱阿拉伯帝國為「大食」。阿拉伯帝國對外東擴，一路所向披靡，一直打到中亞，闖入了唐朝勢力的範圍。七五一年，也就是天寶十年，在中亞的怛羅斯（在今哈薩克斯坦東南部），兩大帝國爆發了一場遭遇戰。最終，唐軍戰敗，三萬軍隊僅剩幾千人撤回安西都護府。阿拉伯帝國雖然獲勝了，但也在戰役中見識了唐帝國的實力，知道再打下去也不會有什麼好果子吃。於是，兩大帝國默契地點到為止，不再向對方的勢力範圍擴張。怛羅斯之戰的規模不大，但對中國而言，文化意義却不小。此戰有效抵禦了伊斯蘭文明向中國擴張，西域守護住了中華文化。直到六七百年後的明朝時期，西域才逐漸伊斯蘭化。

18 唐朝的經濟

經濟重心始南移 國際都會唐長安

魏晉南北朝時期，江南地區得到了大開發，南方的經濟發展不僅趕上了北方，還大有超越之勢。隋煬帝開通貫通南北的大運河，更是順應了這一趨勢。安史之亂爆發後，北方徹底亂套。長期的戰亂與割據讓許多北方人遷往安定的江南，形成了中國歷史上第二波大規模的人口南遷。南遷移民帶去了勞動力與生產技術，進一步加快了南方經濟的發展，這使得中國的經濟重心在唐朝中後期開始南移。

在南方，人們根據江南水鄉的水文與水系特徵，修建了大量水利工程。密布的水渠直接深入到田間地頭，完善了灌溉體系。為了給地勢較高的農田灌溉，唐朝人發明了筒車。筒車這種灌溉工具像一個小型的摩天輪，被放置在水渠裡，利用渠水流動的衝擊力，筒車可自行轉動，順勢將渠水提到高處為農田灌溉。南方人還改進了耕地用的犁，將犁臂的直轅改為曲轅，由此發明了曲轅犁。曲轅犁小巧靈活，方便操作，可隨意回轉掉頭，非常適合江南地區丘陵間的小塊水田。自然條件本來就比北方優越，再加上水利工程與新農具的加持，南方很快就富了起來。安史之亂後，北方毀壞嚴重，朝廷稅收幾乎完全仰仗南方。南方的糧食通過大運河運往北方，供養著都城和軍隊，可謂：

三秦之人，待此而飽；六軍之眾，待此而強。[1]

唐朝中期以後，歷代王朝都靠南方地區輸血，大運河成了中央朝廷的「大動脈」。江南唐朝的手工業也很發達。四川的蜀錦色彩豔麗、紋飾精美，遠銷波斯與日本。江南的越窯燒製的青瓷如冰似玉，與北方的邢窯燒製的白瓷齊名，時人稱「南青北白」，代表了當時製作瓷器的最高技藝。唐朝還有一種彩色陶器，表面釉色以黃、綠、藍三色為主，後世稱之為唐三彩。唐三彩並非瓷器，也不值錢，在唐朝多用作明器給死人陪葬。唐朝政府規定：三品官員可以陪葬九十件陶器，五品以上官員可陪葬六十件陶器，九品以上官員只能陪葬四十件陶器。但受到厚葬之風的影響，平民百姓也流行用唐三彩等陶器陪葬。

唐朝時，南方的商業也蓬勃發展。長江流域的商業城市非常活躍，最具代表性的是揚州。揚州的雄起，全靠大運河。揚州地處大運河與長江的交匯處，是南北交通要道與東西交通要道的交叉點，其優越的交通條件冠絕全國。隨著經濟重心的南移，揚州成了全國的糧食、海鹽、茶葉等商品的集散地，在唐朝「雄富冠天下」，其經濟地位堪比今日之上海。南方的另一個大城市是成都，當時被稱為益州，時人有「揚一益二」的說法。在唐朝，儘管南方城市的經濟較發達，但掌握政治資源、位於北方首都依舊是不可撼動的全國第一大都會。這個第一大都會，便是長安。

隋、唐兩朝都定都長安，但隋、唐的長安並非漢朝的長安。漢長安做了幾百年的都城，出現了嚴重的環境污染問題，地下水污染尤為嚴重。古代城市的排水系統比較簡陋，多是在街邊挖渠，讓污水自然下滲。混著尿液的生活污水滲入地下後，和地下水混合，尿了幾百年，老長安城的地下水變得「水皆鹹鹵」，味道很重。隋朝建立後，隋文帝在漢長安城東南十公里的地方新修了一座「大興城」，作為隋朝的都城。唐朝繼續沿用大興城為都城並擴建，後更名為長安，這就是隋、唐的長安城。

在開放的唐朝，長安是一個國際化大都市。通往西域的絲綢之路從這裡啟程，「參天可汗道」從這裡直達北方大漠，這裡還有眾多通向全國各地的交通線。長安城裡，不僅居住著中原人，還有來自不同民族、國家，擁有不同膚色的人。突厥被威服後，遷居長安的突厥人就有一萬多戶。此外，長安城內還有大量來自新羅、日本的留學生，以及來自西域各國的胡商。據學者估計，長安城內有大約十萬的外國人，全城居民很可能超

1 出自《舊唐書》卷一百二十三，〈列傳第七十三．劉晏〉。

過一百萬人。擁有百萬人口的大城市在今天很常見，但在一千多年前相當罕見。要知道，同時期歐洲的巴黎只有二萬五千人，羅馬只有五萬人，千年古都君士坦丁堡也只有大概三十萬人。上百萬的各國居民，雜居相處，不會出事嗎？不用擔心，因為長安有嚴格的坊市制度。

長安城基本沿中軸對稱，幹線道路橫豎整齊，將城市劃分出了一百多個方塊區域，有點像圍棋棋盤。除皇宮外，一個方塊區域便是一個坊，坊的大小與今天中國大陸的居民區相似。坊的四周被坊牆包圍，坊牆上開有坊門，大坊開四個門，小坊開兩個門。坊門早上開，晚上關；關門之後，居民只能在坊內活動。如果違反夜禁跑到坊外，很可能會被巡邏的金吾衛抓住，然後被打個半死。可以說，唐代坊的作用是嚴格限制居民活動，保證都城裡統治者的安全。白天裡，居民可以出坊活動，可以去別的坊溜達或串門，也可以到「市」裡去購物。長安城有東、西兩個市，每市各占約兩個坊的面積。據有關學者推測，光是東市內便有七萬多家店鋪。西市是進口商品的集散地，因為西市離絲綢之路更近，西域胡商多集中在西市附近的坊居住；東市店鋪眾多，有很店鋪多經營高檔奢侈品，因為東市鄰近皇宮，周圍顯貴雲集。

生活在大唐長安，每天早上會在鐘鼓樓的報時聲中醒來，坊門也會在此時漸次打開。白天，你可以愉快地去東、西兩市逛街，也可以去看波斯伎跳舞，去聽新羅婢彈琴，還能去看黑皮膚的昆侖奴表演雜技。不用擔心走路會累，因為長安城內有車坊，可提供車馬出租服務。到了傍晚，當你聽見街上傳來連續的擊鼓聲，一定要趕緊回坊，因為這是坊門關閉的信號。如果沒趕回去，你可能要挨揍了。

19 唐朝的文化

改史書太宗違規 考科舉唐詩大盛

唐朝文化包容開放，得益於唐朝統治者重視本土學術的發展，又注意吸收外來文明成果。本節我們將從史學、宗教、文學三個方面來介紹唐朝的文化成就。

在史學方面，唐朝完善了官方修史制度。在諸多的文明古國中，要數中國最重視對歷史的記錄。早在先秦時期，中國就有了史官，負責記錄國家大政和帝王言行。有兩個史官還要一直跟著君王，時刻記錄其言行，所謂「左史記言，右史記事」[1]。漢朝時，皇帝的言行記錄稱為「起居注」，後來，編修皇帝的起居注成為定例。唐朝建立後，從太宗朝開始，宰相兼管史館，組織史官編修史書，即「宰相監修國史」。皇帝死後，史官會根據其起居注和「時政記」[2]編修一部實錄。每隔一段時間，又要在實錄的基礎上編修紀傳體國史。史館也負責編修前朝史書，中國歷代正史有二十四部，即所謂的二十四史，其中有八部是在唐朝編纂的，八部中有六部為官修史書。此後，歷代紀傳體正史就基本是官修史書了。

唐朝的史學理論也有巨大發展。史學家劉知幾所著的《史通》，是中國第一部有系統的史學批評和史學理論的著作。書中提出史家要具備才、學、識「三長」，還提倡史家要秉筆直書。可是在官修史書制度下，史家想做到秉筆直書還真有些困難。雖說官修史書掌握的史料充足且全面，編修者的史學修養也很高，能保證官修史書的專業性。但官修史書有一個無法忽視的弊端，那就是其內容和思想往往會被朝政左右。為了迎合統治者，史家很容易喪失客觀立場，甚至出現回避與曲筆。唐太宗就幹過間接「篡改」歷史的事。他即位後，始終對玄武門一事耿耿於懷，想知道史官是如何記錄他這段「黑歷史」的。唐太宗去找史官褚遂良，提出要看李淵的起居注和實錄，遭到了拒絕。因為皇帝是不允許看內容涉及自己的起居注和實錄的，以免史官因秉筆直書而遭受迫害。過了一年，唐太宗又向宰相房玄齡提出此要求。房玄齡拗不過唐太宗的軟磨硬泡，就給他看了刪減版的。看完後，唐太宗評論道：「這玄武門之變，我也是為了江山社稷才如此，史官沒必要拐彎抹角，秉筆直書就行了。」雖然這話說得冠冕堂皇，但是唐太宗這麼搞，誰還敢秉筆直書呢？

宗教方面，本土的道教在唐初備受統治者推崇，道祖李耳（老子）也姓李，李唐皇

1 出自《漢書》卷三十，〈藝文志第十〉。

2 唐宋時期由宰相主持修撰的皇帝與宰臣商討軍國政事的記錄。

帝便認他為祖宗。不過，由於道教的思想內容相對貧乏，方術迷信色彩較濃厚，其傳播廣度遠遜於外來的佛教。武則天一朝，佛教的地位居道教之上，佛教發展進入鼎盛時期。唐帝國成了當時世界第二大佛學中心，一面從佛教起源國印度吸收理論，一面又向東亞各國輸出佛法。由於對教義的理解不同，佛教在唐朝分為若干派別。支持武則天主政的華嚴宗，因以《華嚴經》為主要經典而得名。淨土宗因追求往生極樂淨土而得名。淨土宗的修行門檻較低，主要是口念「阿彌陀佛」，教義也相對簡單，因此受到廣大底層民眾的青睞，信徒數量較多。影響力最大的是禪宗，以推崇坐禪參悟而得名。禪宗最初分為南、北兩宗，北宗主張漸悟，循序漸進；南宗提倡頓悟，醍醐灌頂。後來，南宗壓倒北宗，南宗創始人慧能被尊為禪宗六祖。唐朝時期，還有一些外來宗教也很活躍，比如祆教、摩尼教、景教，合稱「三夷教」。祆教來自波斯，因崇拜火，又稱拜火教；摩尼教也來自波斯，又稱明教；景教起源於東羅馬帝國，流行於波斯，它是基督教中的聶斯托留派。因古代中國稱古羅馬為大秦，景教教堂又被稱為「大秦寺」。

唐朝的文學成就以詩歌最為突出。一千多年後的今天，依舊留存著唐朝二千二百多位詩人的四萬多首詩歌，可以推測出唐人寫詩的盛況。唐人為何如此鍾情於寫詩呢？這和科舉制的發展有直接的關係。科舉裡最重要的進士科，在唐初只考「試策」，類似於命題作文，給出時政或學術問題，考生作文回答。考生慢慢就摸出了答題套路——只要背誦前人的優秀範文，考試時稍加修改即可。就像今天國文考試寫作文那樣，多背幾篇範文模仿著寫，一般不會得低分。時間久了，試策的文章多是官話、套話，生搬硬套，沒有實際內容，時人評價其為：

> 惟誦舊策，共相模擬，本無實才。[3]

唐高宗對進士科進行了改革，考核內容加入雜文創作兩首。到玄宗朝，雜文專用詩賦，成為進士錄取的主要標準。詩賦講究平仄押韻，很是考驗考生的文學素養，背範文不管用了。在科舉制的推動下，詩賦創作蔚然成風。眾多詩人中，李白、杜甫、白居易三人的名氣最大。李白被稱為「詩仙」，他寫的詩文采斐然，如仙人之作；杜甫被稱為「詩聖」，他善於用詩作記錄社會狀況，因而其詩作有「詩史」的美譽；白居易被稱為「詩魔」，他的詩多為諷喻詩，語言通俗易懂。

唐朝文化領域還有一件影響深遠的事件——韓愈、柳宗元主導的古文運動。所謂「古文」，是指先秦到漢朝被普遍使用的散體文，其文體比較自由。與之相對的是駢文，

3 出自《全唐文》卷十三，〈嚴考試明經進士詔〉。

駢文形成於南北朝時期，講究對仗與格律，其中要有大量修辭與典故。比如，〈扁鵲見蔡桓公〉就是散體文，而〈滕王閣序〉就是駢文。駢文雖然辭藻華美，氣勢磅礡，但寫起來太麻煩，形式大於內容，並不能很好地表達作者的思想。韓愈主張復興古文，即主張文章形式要為內容服務，要「文以明道」地表達真理。那真理又是什麼呢？在韓愈看來，真理當是儒學，而非佛、道思想。古文運動不僅是文體的改革，更是一場思想復興運動，復興的是在佛、道思想壓制下呈式微態勢的儒學。

20 黃巢起義與唐朝滅亡

軍糧吃完吃人肉 朱溫篡唐不全忠

在藩鎮割據中頑強掙扎的李唐王朝，最終在九世紀後期等來了催命鬼。這個催命鬼並不是藩鎮的節度使，而是一個販鹽的商人，名叫黃巢。

黃巢出身於鹽販世家，家裡比較富有。年輕時的黃巢略通文墨，擅長騎馬射箭，喜歡行俠仗義，也算是文武兼備的有志青年。可是黃巢不太適合應試教育，數次參加科舉考試都沒能考中進士。在一次落榜之後，內心鬱悶的黃巢寫了一首詩，名曰〈不第後賦菊〉。詩的內容是這樣的：

待到秋來九月八，我花開後百花殺。沖天香陣透長安，滿城盡帶黃金甲。

這首詩充滿殺氣，不僅表達了對唐朝統治的不滿，也體現出了黃巢反社會的極端人格。這小子，早晚是要搞出大事情的。

回到家後，黃巢繼承祖業，成了一個私鹽販子。在古代，鹽業是較為特殊的行業。

因為鹽是民眾的生活必需品，且具有暴利屬性，漢武帝以來，鹽業一直是國家壟斷經營，是為榷鹽制度，「榷」就是專賣的意思。古代政府在鹽價中加入了許多鹽稅，將其作為重要的財政來源。政府越是缺錢，鹽價就越高。安史之亂後，官鹽價格從每斗十文漲到每斗一百一十文，而後又漲到了每斗三百七十文。奇高的鹽價讓民眾苦不堪言，辛辛苦苦賺來的血汗錢，最後都被鹽價割了「韭菜」。有的窮人買不起鹽，只能吃淡食度日。哪裡有利潤，哪裡就有商人，哪怕是違法犯罪，也要搞錢。民間商人繞過政府販賣私鹽，不用加稅，所以鹽價很低，深受民眾喜愛。在暴利驅使下，私鹽販子鋌而走險，甚至以武力對抗官府。古代鹽販帶著一點黑社會的味道，有些大鹽販還擁有私人武裝，每到亂世，鹽販往往聚眾起義。很快，黃巢就走上了起義的道路。同樣走上這條路的，還有他的同行王仙芝。

唐僖宗乾符元年（八七四），王仙芝在山東長垣（今河南長垣東北）聚眾起義，很快就攻占了縣城。第二年，黃巢響應王仙芝，在山東冤句（今山東曹縣西北）發動起義。隨後，兩支起義軍成功會師，開始並肩作戰。眾多苦於官府壓榨的民眾加入了起義軍，起義軍隊伍發展到數萬人。後來，王仙芝兵敗被殺，黃巢成了起義軍的頭領，自稱「沖天大將軍」。黃巢的頭腦很靈活，他知道北方地區有許多強勢的藩鎮，朝廷都拿它們沒辦法，自己沒必要和它們硬碰硬。於是，黃巢沒有北上，而是南下轉戰淮河流域和江南地區。江南地區富得流油，打下那裡，既可以壯大自己的力量，又可以斷了朝廷的財路。黃巢一路南下，一直打到了廣州。黃巢軍隊中多是北方人，不太習慣南方的氣候和飲食，在經過短暫的休整之後，黃巢又揮師北伐。僅一年，黃巢軍隊就攻下了東都洛陽。又過了一個月，黃巢拿下唐朝首都長安。此時在位的唐僖宗走了先祖玄宗的老路，慌忙逃往成都。

八八一年，黃巢的軍隊進入長安，建立了大齊政權。黃巢心中此時想的可能是，既然當年來長安考進士你們不要我，這次我回來要當皇帝！也許是因為觸景生情想起了往事，也許是成功後的恣意放縱所致，黃巢的極端人格又暴露出來。他要實現自己當年的理想，要讓長安城「我花開後百花殺」。黃巢先是讓手下盡情劫掠。農民軍士兵多是窮苦人出身，沒見過啥世面，突然成了繁華都城的主宰者，一個個眼睛都紅了。富人家的財產都被農民軍沒收，美其名曰「淘物」。李唐宗室更是悲慘，不僅家財被搶，還很可能搭上性命。詩人韋莊描寫當時的情形是：

> 華軒繡轂皆銷散，甲第朱門無一半。[1]

1 韋莊〈秦婦吟〉，出自陳尚君輯校《全唐詩補編》，〈外編第一編・補全唐詩・韋莊〉。

後來，長安城內的民眾協助官軍反攻，黃巢大怒，下令對長安城進行大屠殺，謂之「洗城」。

中和元年（八八一年）三月，唐朝官軍大反攻，黃巢派手下朱溫前去抵禦。激戰中，朱溫兵力不濟，先後十次向黃巢求援。可求援信都被瞞報了，黃巢並沒有派出援軍。朱溫沒辦法，接受招安，歸順唐朝。唐僖宗重用朱溫，還給朱溫賜名「全忠」，命他配合官軍反攻長安。在多支部隊的聯合圍剿下，黃巢放棄了長安，向東轉戰。轉戰途中，起義軍的軍糧不夠吃了，竟然吃起了人肉。根據《舊唐書》的記載，黃巢軍隊在一天之內就殺了數千人，還建了專門製作人肉軍糧的寨子，名曰「舂磨砦」。寨中有數百個巨大的碓，可將人直接磨碎，連骨帶肉一起製成軍糧。在唐朝官軍的追剿下，黃巢軍的主力潰敗。八八四年，黃巢兵敗自殺。相傳，黃巢的侄子把他的頭顱割了下來，讓人獻給唐僖宗，李唐宗室對黃巢恨之入骨，將他的頭顱獻祭於宗廟。

黃巢起義雖然失敗了，但它對唐朝的打擊是致命的。首先，平定起義過程中崛起了一批新軍閥。比如朱溫，他被朝廷任命為宣武節度使。朱溫擁兵自重，最終成了唐王朝掘墓人。其次，這場戰爭使「江淮轉運路絕」，朝廷長期仰仗的東南稅賦斷了。這相當於是給ＩＣＵ（加護病房）的病人拔了管，死亡只是時間問題了。更鬧心的是，局勢的巨變又引發了朝廷內部的政治鬥爭。長期困擾唐朝的南衙北司之爭此時仍在繼續。為了對抗北司的宦官，南衙的朝臣極力拉攏新軍閥，尤其是朱溫為他們站隊。唐僖宗死後，唐昭宗繼位，朝臣矯詔讓朱溫領兵進京。朱溫徹底剿滅了宦官集團，又解散了宦官執領的神策軍。殺完宦官後，朱溫對朝臣們下手，將領頭的朝臣一一幹掉。這樣一來，朝中便無力量可以制衡朱溫。不久後，朱溫殺了昭宗皇帝，立了傀儡皇帝哀帝，李唐王朝已經名存實亡。

九〇七年，朱溫廢哀帝自行上位，改國號為梁，史稱後梁。存續了近三百年的李唐王朝，至此壽終正寢。榮光短暫，轉瞬即逝。再輝煌的帝國，也會有轟然倒塌的一天。隨著唐朝的落幕，中國歷史進入了一個新的階段——五代十國。

本篇講述從五代到元朝的歷史，時間跨度為四百餘年。

唐朝滅亡後，中國陷入了五代十國的分裂局面。五代和十國的十幾個政權都很短命，它們在不到一個世紀的時間中短暫地立國又滅亡。九六〇年，後周武將趙匡胤篡奪了政權，建立了宋朝。之後，宋廷相繼滅掉了各個割據政權，結束了五代十國的分裂局面。同一時期，西部、北部邊疆地區的少數民族先後建立了西夏、遼、金等政權。宋朝與這些少數民族政權長期並立，彼此有和有戰，民族交流密切而深入。金滅北宋後，趙宋政權在江南地區延續，是為南宋。一二〇六年，成吉思汗統一了北方的蒙古草原，建立了蒙古汗國。蒙古人的戰鬥力極強，先後掃平了西夏和金。一二七一年，蒙古大汗忽必烈改國號為大元，幾年後滅了南宋，實現了天下一統。

上述政權中，對中國歷史影響較大的是宋和元。宋朝奉行重文輕武的政策，文化昌盛，兩宋時期是中華文明的巔峰時代。宋朝的經濟也發展得很好，城市商業繁榮，市民階層崛起，民眾生活水準接近近世社會。元朝的疆域空前遼闊，各民族間的交融進一步深入，對統一多民族國家的鞏固與發展有深遠影響。

宋元時期相當於中華文明的中年階段，事業有成，有錢有勢，只是家庭關係有點令人煩心。

五代
遼宋夏金元篇

21 五代十國

五代十國來又去　不知今夕是何年

朱溫篡唐後，中國歷史進入五代十國時期。從本質上看，五代十國是唐末藩鎮割據局面的延續。北方地區演變出五代政權，南方和山西地區演變出十國政權，中國又陷入了南北大分裂之中。

在黃河流域，先後出現了梁、唐、晉、漢、周五個政權。因為這些政權的國號都被過去的王朝用過了，後人為了區分，便在它們前面加上了一個「後」字，即後梁、後唐、後晉、後漢、後周，合稱為五代。雖說有五個朝代，但它們更迭得太快，五代存續時間只有五十三年，還沒有漢武帝一個人在位的時間長。最長命的後梁，立國也僅僅十六年；最短命的後漢，僅存在了三年。五十三年中，五代經歷了「八姓十四帝」，換皇帝比換衣服都快。五代的老百姓，如果能活到五十三歲以後，說不定一生可以經歷七個朝代。如果記性不好，很容易忘記自己生活在哪個朝代，倒真是「不知今夕是何年」。

五代的政局之所以如此動蕩，是因為這一時期的皇帝都是「兵強馬壯者為之」，武將經常篡權。五代的開國皇帝，多是前朝的禁軍將領，憑藉兵權篡位稱帝。沒過幾年，他們又會被自己手下的禁軍將領篡權，報應循環。那時候的政治環境也適應了這種循環篡權的模式，大臣們沒有盡忠守節的觀念，誰當皇帝就為誰服務，內心並不會有多少波瀾。有的大臣甚至身經五朝，君臣關係好似一種僱傭關係。另外，北方草原的契丹也在此期間崛起，契丹人經常南下侵擾，這也成了五代政局動蕩的外因之一。

北方的五代，如同走馬燈般地變換政權；此時的南方則出現了九個割據政權，這九個割據政權連同在山西割據政權北漢一起，稱為「十國」。十國的開國君主也都是武將出身，多為唐朝後期的藩鎮節度使。比如前蜀的開國皇帝王建，本是唐朝的西川節度使，他趁唐末天下大亂之際占據四川，唐亡後順勢稱帝，建立了前蜀。相比之下，北方的五代是「你死我活」、前後相繼的，壽命都很短；而南方的十國則是「大家一起玩耍」，政權存續時間普遍比五代政權要長許多。

存續時間長一些，社會就相對安定一些。與五代皇帝不斷征戰、謀求天下統一不同，十國的君主多專注於本國內部的發展。十國多實行保境安民的發展政策，可謂「悶聲發大財」。比如唐末節度使錢鏐建立的吳越國，立國七十二年，始終尊北方五代為大哥，與世無爭。吳越統治者努力發展經濟，致力於給民眾創造安逸的生活。錢鏐帶領民眾在錢塘江沿岸修築捍海石塘，可有效抵禦海潮入侵，保護杭州城的安全。一直到清朝雍正年間，吳越人修築的捍海石塘還在發揮作用。宋朝人蘇軾評價吳越國時說道：

> 其民至於老死不識兵革，四時嬉遊歌鼓之聲相聞，至於今不廢，其有德於斯民甚厚。[1]

十國雖是割據政權，但它們各自區域內的發展往往要好於大一統時代，因為這一時期的統治者更專注於本地的小幸福。然而，統一是中國歷史發展的大勢所趨，割據時的安寧生活再幸福，也無法抵擋大一統的鐵拳。當北方的歷史車輪滾動到後周時，五代的政局已趨於穩定，統一的曙光在北方出現了。

後周開國皇帝郭威，是五代皇帝中少有的明君。他勵精圖治，發展後周經濟，使動蕩的北方走向了安定。郭威死後，柴榮繼位。一朝的皇帝，怎麼會有不同的姓氏呢？因為郭威不僅是個治國好手，還是個痴情好男人。妻子死後，郭威沒有再娶，他們的孩子在戰亂中死去，郭威也就沒有子嗣可以繼位。最後，郭威把皇位傳位給了自己的養子、妻子的侄兒柴榮，柴榮就是周世宗。五代的政局動蕩不安，很多皇帝會傳位給養子或親戚，所以出現了「五代八姓」的奇葩現象。柴榮被譽為「五代第一明君」，即位之初便立下了「以十年開拓天下，十年養百姓，十年致太平」[2]的宏偉目標。為了統一天下，柴榮解決了兩個棘手的問題——佛教和禁軍。

唐朝以來，佛教發展迅速，佛寺成為一股不容小覷的勢力。佛寺享有眾多特權，比如佛寺地產不用納稅，佛寺裡的僧人也不用給國家服役。佛教的過度發展使國家的賦稅和兵源減少，勢必會對政權產生威脅。柴榮上臺後，對佛教進行了全面整頓。當時，社會上有許多未經官方正式批准的民間寺院，是為「無敕額寺院」。柴榮裁撤了三萬多所這樣的寺院，強令僧尼還俗，最後僅留存僧尼六萬餘人。佛教史上，稱這種對佛教的打擊和限制事件為「法難」或「滅佛」，著名的「三武[3]一宗滅佛」的「一宗」指的就是周世宗柴榮。

唐朝後期，為了制衡藩鎮，朝廷不斷加強禁軍建設。因此，直屬於朝廷的禁軍成為左右時局的重要力量。為了提升軍事實力，也為了加強對禁軍的控制，柴榮大力整頓禁軍。為了嚴肅軍紀，懲治禁軍的驕縱之習，柴榮一次性斬殺了違紀的禁軍部將七十餘人。柴榮還對禁軍進行優化，裁去老弱士兵，補充精銳兵源，使禁軍實力大增，這為他後來的統一戰奠定了軍事基礎。

隨著後周的國力日益強盛，柴榮開始了統一戰爭。柴榮先是西征後蜀，攻下多地，而後又南伐南唐，迫使南唐割地稱臣。之後，他又北伐遼國，打算收復中原失地。就在

1 出自《蘇軾文集》卷十七，〈表忠觀碑〉。
2 出自《五代史補》卷第五，〈世宗問王樸運祚〉。
3 指的是北魏太武帝、北周武帝、唐武宗，這三位皇帝都推行過滅佛運動。

統一大業穩步推進之時，柴榮暴病而亡。出師未捷身先死，享年只有三十九。柴榮死後，七歲的兒子柴宗訓繼位，是為周恭帝。

臨終前的柴榮對人世間萬分不捨，可是誰又鬥得過天命呢？老天讓你走，你唯一能做的就是趕緊安排後事。柴榮把幼小的柴宗訓託付給了隨他征戰了大半輩子的老戰友們，囑託他們要傾力輔佐年幼的柴宗訓，完成自己未竟的事業。柴榮託孤時，老戰友們伏地痛哭，紛紛起誓道會效忠幼主。在一眾哭泣的人群中，有一個人的心情比較複雜，此人名叫趙匡胤。就是這個人，後來站在後周的肩膀上開創了大宋王朝，開啟了中華文明的巔峰時代。

22 宋朝的建立

亡後周陳橋兵變　秀演技大宋開局

常言道，人生如戲，全靠演技。對政治家而言，這句話再適合不過了。只有演技過硬的政治家能獲得大家的信任與掌聲，實現自己的政治抱負。歷史上，趙匡胤就是一位影帝級的政治家。憑藉著高超的演技，他篡位當了皇帝。

趙匡胤出身於官宦世家，曾祖父在唐朝官至御史中丞。趙匡胤出生時，已是五代的後唐時期，他的父親在後唐禁軍中任職。趙匡胤從小就博覽群書，受到了很好的教育。也許是受武將父親的薰陶，趙匡胤也很喜歡舞槍弄棒，騎射水準遠在一般人之上。趙匡胤很有個性，喜歡打抱不平，還喜歡賭博。生於五代亂世，凡事得看運氣，有時還真的需要賭命。趙匡胤長大後，先後投奔過多位大人物。經過反覆考察與思量後，他認定後漢武將郭威最有前途，於是押寶郭威，轉投其帳下效力。趙匡胤賭對了，後來，郭威推翻後漢稱帝，建立了後周。趙匡胤也平步青雲，出任了禁軍高級軍官。郭威死後無子，由養子柴榮繼位，是為周世宗。趙匡胤繼續跟隨柴榮南征北戰，立下了許多戰功。在一次與北漢的作戰中，後周軍隊不敵。危急之中，趙匡胤振臂高呼：「主上面臨險境，我等當拚死一戰！」他拚命衝殺，以勇武之氣振奮了後周軍隊，最終後周扭轉戰局贏得了勝利。憑著赫赫軍功，趙匡胤升任殿前都點檢，相當於皇帝禁衛軍的總司令。這個職務掌管著皇帝的貼身警衛，極為重要，一定由皇帝最為信任的武將出任。

五代的諸位帝王中，柴榮算得上雄才大略。若不是他英年早逝，最後統一天下的想來會是後周。臨終前，柴榮將皇位傳給了七歲的兒子柴宗訓，並囑咐趙匡胤等近臣要傾心輔佐。七歲的小孩，放在今天，剛到上小學的年紀。在古代，幼齡皇帝即位極不利於政權穩定。有一個詞叫「主少國疑」，就是說皇帝年齡太小，大家都會心生疑慮，還有的人會心懷不軌。如果放在太平年月，給幼主配上幾個好的輔臣，倒也能應付過去。但放在五代可不行，在這個換皇帝比換衣服還快的亂世，幼主就像是狼群中的羔羊，早晚要被吞吃入腹。這不，柴宗訓剛剛即位，北方的勁敵就來侵犯邊境了！

根據《宋史》的記載，柴宗訓即位後的正月，朝廷接到契丹與北漢合兵進犯的軍報，後周朝廷忙派趙匡胤領兵出征。第二天，軍隊到達都城汴（今河南開封）東北約二十公里的陳橋驛。當天晚上，有士兵在軍營中公開說希望趙匡胤做皇帝，主持大局。次日一大早，趙匡胤的弟弟趙光義和眾將領來到了趙匡胤的寢屋外。趙匡胤醒來，看見眾人一個個拿著刀劍立於門外，嚇了一大跳。一問才知道，原來大家是來懇求他做皇帝的。趙匡胤還未來得及答覆，就有人將一件黃袍強行披在了他身上。隨即，眾將士跪地叩拜，高呼「萬歲」。就這樣，趙匡胤被逼無奈當了皇帝，這一事件史稱「陳橋兵變」。隨後，趙匡胤揮師返回都城，接受了小皇帝柴宗訓的禪讓，成了宋太祖。這一年是九六〇年，五代退場，趙宋[1]王朝登臺。

史書對陳橋兵變的記載頗為戲劇化，居然還有被手下強迫當皇帝的！實際上，這一切極有可能是趙匡胤和手下聯合演的一場戲。這樣做的目的，一是為了調兵出城，這樣更方便行事；二是以此拉攏人心，讓大家相信趙匡胤當皇帝是眾望所歸，而非背信篡逆。然而，再好的演員也會有破綻。首先，趙匡胤率軍出征是為了抵禦契丹與北漢，可是兵變之後大軍就回城了，所謂的「入侵」也沒有了下文。可以推斷，契丹與北漢入侵的消息很可能是假的，是這場篡位大戲的一部分。其次，披身上的黃袍和後來禪位用的詔書，都出現得很及時，如果不是事先準備好的道具，誰會在行軍路上帶著黃袍呢？憑藉著高超的演技，趙匡胤成功地感動了眾人，順利地改朝換代，也沒有人去計較其中的破綻了。

宋朝建立之初，天下還是四分五裂的狀態。當時，南方尚有多個割據政權，北方還有契丹人支持的北漢。對此，趙匡胤制定了「先南後北」的統一策略。柿子得先挑軟的

1 宋朝歷史分為北宋和南宋兩個階段，後世稱趙匡胤建立的朝代為北宋。

捏，契丹人太凶悍，盡量先不招惹，南方各政權的戰鬥力一般，可以打。的確，南方各政權長時間過著安逸的小日子，打起仗來，如同肉雞一般。它們中實力稍強的是南唐，其末代君主就是大名鼎鼎的詞人李煜。李煜寫詞，堪稱絕代才子，「流水落花春去也，天上人間」[2]；但他治國，却是個薄命君王，打起仗來，真是「落花流水」。宋軍進攻前，李煜派使臣赴宋求和，求和之詞肉麻至極。李煜讓使臣對宋朝說：「南唐侍奉大宋，就像兒子侍奉爹，兩國親如父子，宋朝不該打南唐。」可是趙匡胤是什麼人？影帝級的皇帝，怎麼可能被李煜的拙劣表演所打動？既然是演戲，趙匡胤也假模假樣地順勢回覆道：「既然親如父子，現在父子成了對家，你覺得這種情況應該發生嗎？」南唐被攻滅前，李煜又派使臣來懇求趙匡胤。趙匡胤急了，說道：

> 天下一家，臥榻之側，豈容他人鼾睡乎！[3]

之後，宋軍攻克南唐都城江寧（今江蘇南京），南唐滅亡。李煜成了俘虜，被押送至開封。有了亡國的難得經歷，李煜的詞寫得更好了，感嘆著「故國不堪回首月明中」而終日鬱鬱，後來被人毒死了。趙匡胤和趙光義用了十餘年時間，鏟除了多個割據勢力，大體實現了統一。

宋太祖趙匡胤，以行伍之身起家，憑兵變奪取帝位，雖有虛偽表演之事，但為政頗為仁義。這一點從柴家的結局可以看出。趙匡胤雖篡了柴家的天下，但對柴家後代恩遇有加，還立下祖訓予以保全[4]。《水滸傳》裡的柴進，就是柴家後代。大宋建國都一百多年了，柴氏子孫還是富貴無憂。

---

2 出自《全唐詩》卷八百八十九，〈後主煜．浪淘沙〉。
3 出自《續資治通鑑長編》卷十六，〈太祖開寶八年〉。
4 趙匡胤稱帝後，曾立下三條祖訓刻於石碑之上，即「勒石三誡」。其內容大致為：一、柴氏子孫有罪者不得處以極刑或連坐支屬；二、不得殺文人士大夫和上書言事者；三、後世子孫務必遵守以上內容，否則天打五雷轟。

23 宋初加強中央集權

立國策重文輕武　杯酒間兵權已釋

歷史上，一個新王朝進行制度構建的出發點，多是基於對前一個王朝之弊病的總結與反思。宋朝脫胎於五代十國，後者的弊病主要有兩個：一個是五代的武將篡權問題，另一個是十國的地方割據問題。宋初實行的制度，也多是為了預防這兩大問題而設計的。

相對而言，武將篡權問題更讓趙匡胤寢食難安。一旦解決不好，宋朝的歷史宿命可能只是五代之後的第六代。解決武將篡權最有效的辦法就是解除武將的兵權，讓他們成為光桿司令。為了順利解除武將的兵權，影帝趙匡胤又演了一齣戲。某一日晚朝結束，趙匡胤留下了石守信等大將，說要和他們喝兩盅。稱帝前，趙匡胤和這些大將沒什麼兩樣，大家都是一起吃、一起睡的好哥們。酒席上，大家喝得很盡興，一邊喝，一邊回憶往昔崢嶸歲月，聊得好不快活。聊著聊著，趙匡胤就聊到了自己的睡眠問題，說自己最近睡不好覺，哥幾個順勢就問：「咋回事呢？」趙匡胤開始表演，說道：「當皇帝難啊，太多人想坐這個位置了。」石守信等人一聽，這話有點不對勁啊，趕緊都跪了下來，問道：「陛下何出此言？難不成誰有異心嗎？」趙匡胤又說：「我知道你們沒有異心，你們都是朕的好兄弟，但保不住你們的手下貪圖富貴，有一天也給你們黃袍加身，到時候你們想拒絕都難啊！」聽到這話，幾位將領的酒勁瞬間被嚇醒了。因為臣下一旦被皇帝猜疑，多半不會有好下場。眾人伏地痛哭，請求趙匡胤指條明路。趙匡胤繼續表演，他說：「人生在世，如白駒過隙，一晃就是一輩子，你們何不交出兵權，然後廣置良田美宅，讓子孫後代永享富貴，自己也每日飲酒作樂，這樣的話，君臣之間兩無猜嫌，豈不美哉？」石守信等人聽明白了，第二天都稱病，請求交出兵權。就這樣，趙匡胤解除了實力派武將的兵權。這個「杯酒釋兵權」的故事，極富戲劇性，再一次展現了影帝趙匡胤的高超演技。可是查閱官修史書《宋史》，並無對此事的專門記載。其他有關「杯酒釋兵權」的記載則各說之間相互渲染，從而有了這樣一個有聲有色的故事。不管故事真假，趙匡胤順利地解除了武將的兵權是真的，至於他用了何種方法，已經不那麼重要了。

解除了武將的兵權後，趙匡胤改派資歷淺的人統領近衛禁軍。資歷淺的將領好駕馭，搞不出什麼大事情。即便如此，趙匡胤還是不放心，他對宋朝的軍隊定下了幾條規矩：第一，要經常換禁軍統帥，不讓他們與手下混熟，這樣即便武將想篡位，也找不到搭檔；第二，實行「更戍法」，禁軍的駐屯地點每隔幾年就換一次，將領也隨之更換，形成「兵不識將，將不識兵」的狀態，防止將領與士兵相勾結；第三，將統兵權與調兵權分開，將領只有統兵權，而調遣軍隊要聽命於朝廷設立的樞密院，沒有樞密院的調兵令，軍隊出營就視為謀反；第四，重用文官，壓制武將。趙匡胤雖然是行伍出身，但他對武將非常不信任。趙宋一朝，形成了重文輕武的國策，文官地位高於武將，武將處處受到壓制。北宋時期，擔任樞密院正職的官員有七十三人，其中，武將只有十八人。

對武將壓制之外，對文官也要多加制衡。歷朝歷代，皇帝最放心不下的就是統領百官的宰相。宋朝宰相承襲唐朝官職名稱，名為「同中書門下平章事」。除此以外，宋朝又設置了副相來分割宰相的權力，副相名為「參知政事」。參知政事擁有的實權與宰相不相上下，二者合稱「宰執」。出門時，宰執可以齊頭並馬。宰相的政權被分割，軍權和財權則徹底被拿走。軍權歸了樞密院，樞密院與宰執的政事堂合稱「二府」；財權則歸了三司使，三司使也稱「計相」，是財政大總管。經過這麼一改，宋朝的朝廷中，無論是武將，還是宰相，都沒有篡權的實力了。

改革完了中央官制，宋朝還對地方多管齊下，重點防範地方的割據勢力。從安史之亂到北宋統一，國家長期處於割據狀態，要麼是藩鎮割據，要麼是武將獨立建國。北宋實現了統一，但如何防止天下再度陷入分裂呢？針對這一問題，趙匡胤諮詢了謀臣趙普。趙普是北宋初期杰出的政治家，趙匡胤對他十分倚重。「先南後北」的統一方針，就是趙匡胤、趙光義兄弟二人在一個雪夜到趙普家與之商定的。針對地方割據的問題，趙普又給出了滿分答案：「稍奪其權，制其錢穀，收其精兵」[1]，天下自然就安定了。趙匡胤一點就通，馬上頒布了一系列的措施來加強中央集權。在行政方面，宋廷任命文官出任地方各州長官，稱知州。地方武將統統靠邊站，節度使成了虛銜。知州之外，還設通判一職，讓通判和知州互相制衡。地方事務須二者共同商定，政令須二者同時簽署方才有效。州、縣的長官還要三年一換，防止地方官在一地做強做大。在財政方面，地方上的財權也收歸中央。宋太宗時期，全國劃分了十五個路，每路設轉運使一名。轉運使負責將地方賦稅運送中央，由朝廷的三司統一管理，只給地方留一小部分作為日常開支。在軍事方面，宋朝將地方的精兵都收歸中央，編入朝廷禁軍。地方剩下的老弱士兵編為「廂軍」，廂軍平時修修城牆、做做兵器、跑跑運輸，俸祿也比禁軍低得多。就這樣，精兵沒了，錢沒了，權力也被分割了，地方再想割據，也只是幻想了。

趙匡胤一系列加強中央集權的治國方略，又經繼任者的完善，最終形成宋朝的「祖宗之法」。其核心思路可概括為：收權、分權、重文輕武。趙匡胤實行的集權措施不僅保證了趙宋江山三百多年的安穩，還為後世王朝所效仿。從宋朝開始，歷代王朝再未出現武將篡權的現象，地方的割據也不足為慮，足見宋朝「祖宗之法」的巨大功效。

1　出自《續資治通鑑長編》卷二，〈太祖．建隆二年〉

24 遼國的興起

遼北狠人阿保機 斧聲燭影趙光義

解決完了武將篡權和地方割據兩大問題後，宋朝的內部相對安全了。但宋朝皇帝還不能高枕無憂，因為在外部，宋朝還有一個可怕的敵人一直在虎視眈眈，這個敵人就是北方強鄰契丹。現代俄語將中國稱為「kitay」，拉丁語將中國稱為「kathay」，二者都是「契丹」的音譯，因為大約一千年前，契丹在世界範圍內的影響很大，以至於許多古代歐洲人和中亞人認為契丹就代表中國。

契丹民族興起於今西拉木倫河和老哈河流域，屬東北三大古族系[1]中的東胡族系，與之前的鮮卑和後來的蒙古是近親。契丹民族有自己的創世神話。相傳，很久以前有一位天女，在天宮待得很無聊，於是她來到了人間。天女駕著青牛車沿著西拉木倫河溜達，巧了，此時契丹族的始祖正騎著白馬沿著老哈河溜達。兩條河在木葉山這個地方交匯，天女與始祖也在此處相遇。瞬間迸發的熱情讓兩人很自然地結合了，之後他們還生下了八個孩子。八子的後代不斷繁衍，逐漸形成了契丹民族的八個部落。誠然，這個神話裡的天女和始祖並非真實存在的，但契丹的八大部落卻是真實存在的。唐朝時，契丹八部形成了部落聯盟。唐末至五代，契丹部落聯盟裡出了一位叫耶律阿保機的領袖，阿保機可稱「遼北地區著名狠人」，他設下酒局，誘殺了各部的首領，統一了契丹各部。九一六年，阿保機稱帝，建立了契丹國，國號為「契丹」，後來改為遼，皇都稱上京（今內蒙古巴林左旗東南）。

契丹是游牧民族，又生活在寒冷的東北地區，與其他東北的古代少數民族一樣，天生能征善戰。建國才十年，遼國就滅了渤海國，後者可是唐朝時號稱「海東盛國」的強大國家。在東北站穩腳跟後，遼國伺機南下。此時正處於五代十國的紛爭亂世期間，這對契丹人而言可真的是天賜良機，遼太祖死後，次子耶律德光繼位，是為遼太宗。利用中原內部的紛爭，遼太宗成功南下中原。

當時，中原處於後唐時期。後唐有一員大將，名叫石敬瑭，任河東節度使。河東地區大致是今天的山西及河北西北部，此地緊鄰東北塞外，唐朝以來便是邊防要害之地，此地的節度使都手握重兵。安史之亂的始作俑者安祿山，就是在兼任了河東節度使後，才有實力起兵謀反。後唐的末帝對石敬瑭不太信任，想把他從河東調走。石敬瑭先下手為強，舉兵反叛。後唐軍隊隨即前來鎮壓，圍困了石敬瑭。危急之中，石敬瑭想到了北

1 指肅慎族系、穢貊族系、東胡族系。

方的鄰居契丹。

本來，石敬瑭的職責是防禦契丹人，二者應為敵對關係。但此一時彼一時，此時石敬瑭的最大敵人已經是後唐，敵人的敵人就是朋友，石敬瑭決定與契丹人聯合。他派人前往遼國，請求契丹人出兵援助。當然，人家也不能白來，石敬瑭向遼太宗許下承諾：如果能幫助我幹掉後唐，我可以給你當兒子，還把兩國相鄰的幽州、薊州等十六個州[2]割讓給遼。遼太宗聽後，喜出望外，立即領兵出雁門關，擊潰了後唐軍隊。隨後，石敬瑭與遼軍聯合南下，滅亡了後唐。石敬瑭接受遼太宗冊封，登基建國，史稱後晉。靠著契丹人，石敬瑭不僅擊敗了後唐，還取而代之做了新的皇帝，這可真是賺大發了。大喜之餘，石敬瑭信守承諾，他認了遼太宗為「父皇帝」。搞笑的是，石敬瑭認的爹比自己還小十歲。對遼太宗來說，當不當爹不重要，重要的是獲得了夢寐以求的幽薊十六州。幽薊十六州的戰略位置極其重要，它扼守著燕山山脈和太行山山脈一線，南面便是一馬平川的華北大平原。守住了幽薊十六州，就等於守住了中原的「防盜門」，可以有效地阻擋北方游牧民族的騎兵南下。石敬瑭割讓了幽薊十六州，相當於把中原的「防盜門」給賣了，游牧民族可以隨意南下。北宋建立後，幽薊十六州成了歷代趙宋皇帝難以放下的「朱砂痣」。趙匡胤很想收回幽薊十六州，但他深知契丹人的厲害，所以他一直在做準備，並未輕啟戰端。趙匡胤特別設置了一個小金庫，名曰「封樁庫」。滅南方各國時，所獲得的財富都被他存進了封樁庫。趙匡胤對近臣說，等我攢夠了錢，就從契丹人手裡把幽薊十六州贖回來，如果他們不賣，我就用這筆錢做軍費，把幽薊十六州奪回來！可是一直到死，趙匡胤也沒能實現這個夢想。

趙匡胤五十歲時突然駕崩，死得頗為蹊蹺。根據司馬光所著的《涑水紀聞》記載，宋太祖駕崩後，皇后派宦官去召太祖之子趙德芳進宮。可是宦官並沒有去召趙德芳，而是去了趙光義的府上。隨後，趙光義進了皇宮。皇后見宦官回來，立即問：「德芳來了嗎？」宦官則回答：「德芳沒來，晉王（趙光義）來了。」皇后有點懵，但事已至此，也只能選擇接受。皇后見到趙光義，便對他說：「我們母子的性命，就拜託您了！」趙光義哭著回答道：「共保富貴，無憂也。」[3]就這樣，趙光義以兄終弟及的方式繼位，是為宋太宗。有的史料對宋太祖駕崩的記載更為詭異，如《宋史紀事本末》記載，宋太祖病

2 這十六個州分別是：幽（今北京）、薊（今天津薊縣）、瀛（今河北河間）、莫（今河北任丘北）、涿（今河北涿州）、檀（今北京密雲東北）、順（今北京順義）、新（今河北張家口涿鹿縣）、媯（今河北懷來東南舊懷來，已被官廳水庫淹沒）、儒（今北京延慶）、武（今河北張家口宣化）、蔚（今河北蔚縣）、雲（今山西大同）、應（今山西應縣）、寰（今山西朔州東）、朔（今山西朔州西南）。「幽薊十六州」在北宋末也稱「燕雲十六州」。

3 出自《涑水記聞》卷第一。

重時，召趙光義入宮商量後事。近臣們在屋外等候時，看見點著蠟燭的屋子內，人影不斷移動，還聽見斧頭的聲音。不一會兒，宋太祖就駕崩了，之後趙光義繼位。這就是歷史上著名的「斧聲燭影」之說。

在宋太祖有成年的兒子的情況下，趙光義以弟弟的身分繼位，這的確不太合理。宋太宗即位以來，民間就有各種質疑。雖說疑似得位不正，但宋太宗繼續推進著宋太祖未竟的事業。為了證明自己，宋太宗還積極準備對遼開戰，戰略目標很明確——收回幽薊十六州。

25 北宋與遼的和戰

車神大戰高梁河 澶淵之盟不差錢

在割占了幽薊十六州之後，契丹勢力進入中原北部。此時的遼國，既擁有塞外的廣闊草原，又獲得了中原的肥沃農田，可謂如虎添翼。更讓契丹人興奮的是，幽薊十六州是中原的北大門，占領了這裡，契丹騎兵可以隨時南下撒歡。宋朝建立後，太祖趙匡胤一直在攢錢為奪回幽薊十六州做準備。攢了十幾年，錢攢得差不多了，但宋太祖沒了。宋太祖的弟弟宋太宗趙光義即位後，決定對遼開戰。

太平興國四年（九七九），宋太宗就御駕親征，滅了契丹人扶持的北漢，徹底終結了五代十國的分裂割據。這場勝利讓宋太宗信心大增，他想一鼓作氣收回幽薊十六州，實現宋太祖的夙願。戰後未經休整，宋太宗就率軍直入遼國境內。宋軍勢如破竹，遼國的易州和涿州望風而降。宋太宗自信心膨脹，揮師疾馳到幽州城下，準備一舉拿下遼國南京[1]。就在此時，遼國名將耶律休哥率援軍趕來，宋、遼兩軍在幽州西北的高梁河（今

1 遼國實行五京制，有五個首都，分別是上京臨潢府、中京大定府、東京遼陽府、南京幽都府、

北京西直門外）展開大戰。之前的戰鬥，宋軍還沒見過契丹軍的主力。這一次，耶律休哥率領的可是契丹的精銳部隊五院軍。大戰開始後，耶律休哥身先士卒，即便身上有三處受傷，依舊率軍猛攻。幽州城裡的遼軍也來勁了，打開城門迎擊宋軍。宋軍哪裡見識過這樣凶猛的東北大漢，很快就全面潰敗，死者萬餘計。最狼狽的是宋太宗，來的時候志在必得，最後卻腿部中箭，坐著驢車倉皇南逃。可是宋太宗不信邪，傷好了後還要繼續打。七年之後的雍熙三年（九八六），宋軍再次伐遼。這回宋太宗沒有親征，他可能怕到時候連驢車都沒得坐。這一次北伐，宋軍又被耶律休哥打敗。宋軍將領楊業被俘，絕食而死，楊業就是後世「楊家將」故事的原型。雍熙北伐失敗後，宋太宗徹底斷了收回幽薊十六州的念頭。為了阻擋契丹騎兵南下，宋朝在北方邊境地區大規模地挖池塘、修柵欄、栽樹木，搞起了物理防禦。宋朝是蔫了，可是契丹的勁頭上來了，這回輪到契丹主動出擊了。

宋太宗死後，宋真宗繼位。此時遼國的掌權者是遼聖宗的母后，契丹史上著名的女強人蕭太后。一〇〇四年，蕭太后與遼聖宗率二十萬大軍南下伐宋，一路攻城略地，打到了黃河北岸的澶州（今河南濮陽）城下。澶州距離北宋都城開封只有大約二百里，如果遼軍拿下澶州，騎兵進攻開封便可朝發夕至。軍情傳來，宋廷這邊慌了。不少大臣主張遷都，有說遷南京的，有說遷成都的。宋真宗說不定也想遷都，只是礙於面子沒敢直說。宰相寇準反對遷都，他認為他們跑得再快，也不會有契丹騎兵跑得快，倒不如正面死磕，倒還有一線勝算。寇準力排眾議，奏請宋真宗北上澶州，親自督戰。宋真宗聽後，壓力與恐懼在心中翻騰。但為了祖宗的江山社稷，宋真宗只能硬著頭皮北上。此時的澶州附近，集結了宋朝軍民數十萬，他們的心裡也沒底，只能勉強保持鎮定。澶州城地跨黃河兩岸，北岸是澶州北城，澶州北城外面滿是餓狼般的契丹大軍，宋真宗進城後，只想在澶州南城裡躲著，並不想往前湊。寇準一看，這可不行，寇準又是施壓又是講道理，好不容易才忽悠宋真宗登上了澶州北城的城樓。大宋軍民一看皇帝真的來了，立刻就精神了：

> 諸軍皆呼萬歲，聲聞數十里，氣勢百倍。[2]

其實，在宋真宗登樓鼓舞士氣之前，戰場上發生了一件神奇的事情。遼軍統帥蕭撻覽一點沒把宋軍當回事，他只帶著數十輕騎兵，便去澶州城下觀察地形。也是巧了，蕭

西京大同府。其中的南京在一〇一二年改幽都府置為析津府，建為燕京。

2 出自《續資治通鑒長編》卷五十八，〈真宗・景德元年〉。

撻覽剛到城下，就被城牆上的宋軍張瑰發現了。更巧的是，張瑰旁邊剛好有架床子弩，這種弩可以發射標槍般的大箭。張瑰操作床子弩，一股寸勁，一箭就射中了蕭撻覽頭顱。決戰還未開始，遼軍主帥就被射死了，且宋朝那邊皇帝也來了，宋軍士氣高漲，氣勢駭人。遼軍方面有點懵，於是提出了和談。

宋真宗一聽遼軍要議和，心中大喜，趕緊派使臣曹利用赴遼營談判。出發前，宋真宗給曹利用交了個底：只要不割地，哪怕每年賠百萬錢財也行！寇準也找到了曹利用，也給他畫了一條底線：最多每年給遼三十萬，若超過了，你也別回來見我，我會殺了你！最終，曹利用談判的結果是每年給遼三十萬「歲幣」，包含銀十萬兩，絹二十萬匹；同時，宋、遼兩國結成兄弟之國，遼聖宗稱宋真宗為兄，宋真宗尊蕭太后為叔母，雙方各守疆界，互不侵犯。這一和約，就是歷史上著名的「澶淵之盟」。

曹利用回宋覆命，途中遇上了宋真宗派來打探消息的宦官，宋真宗正焦急地等待談判結果。曹利用對宦官說這是機密，要當面奏報，只伸出了三根手指給宦官暗示了一下。宦官疾馳回來報告，宋真宗還以為是三百萬，叫道：這也太多了！可是宋真宗轉念一想，每年只交三百萬歲幣就能不打仗，倒也能接受，他便順口說了句：

姑了事，亦可耳。

曹利用回來後，宋真宗得知每年要交的歲幣只有三十萬，差點樂暈過去。於北宋而言，澶淵之盟中交納歲幣這一項多少有點丟人。但相比戰爭帶來的巨額軍費和不可估量的軍民傷亡，這三十萬歲幣又顯得微不足道。宋、遼因此維持了一百多年的和平，澶淵之盟不失為一筆務實的買賣。議和後，雙方還在邊境設立了榷場，即邊境貿易場所。宋朝憑藉經濟優勢，「歲獲四十餘萬」[3]，每年的獲利遠超三十萬歲幣的支出。

在宋朝的西北部，還有個不好對付的敵人，叫作西夏。西夏由党項族建立，盤踞在河套平原，坐擁河西走廊。宋仁宗寶元元年（一〇三八），西夏國王元昊稱帝，並公開上表於宋。這等於打了宋朝的臉，因為西夏過去一直是向宋朝稱臣的。隨後，宋夏戰爭爆發，雙方打了六七年，宋軍皆敗。但西夏畢竟人少國弱，跟宋朝打持久戰有點耗不起了。最後，雙方借鑒了澶淵之盟，宋朝每年給西夏「歲賜」[4]，兩國結束戰事。這一次，宋朝不僅買來了和平，還買來了面子，西夏繼續向宋稱臣。反正宋朝不差錢，能花錢解決的事，都不是難事。靠著花錢買和平，宋朝維持了宋、遼、夏三國並立的局面。

3 出自《宋史》卷一百八十六，〈志第一百三十九．食貨下八〉。

4 宋每年給予西夏「歲賜」絹十三萬匹，銀五萬兩，茶二萬斤；在各節日和元昊生日另賜銀二萬兩，銀器二千兩，絹、帛、衣著等二萬三千匹，茶一萬斤。

26 王安石變法

冗兵冗官積貧弱 新政變法來搞錢

中國大陸有句俗話說得好：「學霸兩支筆，差生文具多」。宋朝在軍事方面就是這樣的差生，別看宋朝的戰鬥力一般，但它的軍隊數量卻多得驚人。這不僅是為了應對遼和西夏的軍事威脅，更是為了遵循「祖宗之法」。

宋初制定的各項「祖宗之法」多是針對國家可能面臨的危險而設計的，是對潛在隱患的提前預防之策，所以又稱「防弊之政」。「防弊之政」中有一條是大規模養兵，認為這樣即可以攘外，還可以安內。攘外好理解，那大規模養兵怎麼能安內呢？宋初加強中央集權，已經讓篡權和割據比登天還難，但還無法有效阻止民眾造反。宋太祖認為，造反的人都是無業貧民，只要把他們招募到軍隊裡，讓他們吃皇糧，就好辦了。所謂「可以利百代者唯養兵也」[1]。在這一思路下，宋朝大規模擴軍，直屬朝廷的禁軍數量激增。宋初禁軍數量約二十萬，到宋真宗時翻了一倍多，增加到四十四萬，到宋仁宗時，又翻了大概一倍，達八十萬。《水滸傳》裡說林沖是「東京八十萬禁軍教頭」，並非虛言。宋朝實行募兵制，軍人都是招募來的，當兵相當於上班，國家要給軍人開工資。宋朝瘋狂擴軍，「冗兵」極多，這導致軍費開支極其巨大。到宋英宗時期，宋朝的軍費開支已占國家財政支出的大半，所謂「天下六分之物，五分養兵」[2]。

宋朝不僅有大量的「冗兵」，還有大量的「冗官」。「防弊之政」中還有一條：要分權，要讓官員相互制衡。所以，一個人的活要派兩個人去幹，還要再派一個人去監督。這樣雖能防止官員專權，但也增加了官員的數量。同時，為了不讓官員長期專擅某項權力，宋朝還將官員的「官」「職」和「差遣」分離。簡單來說，官只代表級別和待遇，職是榮譽頭銜，只有差遣才是具體工作。比如北宋名臣包拯的身分是尚書省右司郎中、龍圖閣直學士、權知開封府事——前兩個是官和職，只有差遣「權知開封府事」是實際工作，相當於首都市長。宋朝還有不少官員有官職而無差遣，白拿國家俸祿。另外，宋朝還有個恩蔭制度，皇族宗室和中高級官員可以讓親屬和門客補官。官員級別越高，恩蔭的人就越多。多種因素影響下，宋朝的官員數量暴增。從宋真宗到宋仁宗的四十多年間，官員數量從九千多人增加到一萬七千多人，幾乎翻了一倍。

冗兵和冗官都需要國家財政供養，此外宋廷每年還要交納歲幣、歲賜，這又產生了

1 出自《全文宋（第一百二十九冊）》卷二七九九，〈晁說之二・元符三年應詔封事下〉。
2 出自《全宋文（第四十六冊）》卷一〇〇三，〈蔡襄一〇・國論要目十二事疏〉。

「冗費」。冗官、冗兵、冗費，合稱「三冗」，宋朝再有錢，也扛不住這麼使勁花。宋仁宗時，財政危機已經顯現。為了改變積貧積弱的局面，慶曆三年（一〇四三），宋仁宗任命范仲淹為參知政事，讓范仲淹主持了一系列的改革，史稱「慶曆新政」。

慶曆新政從整頓吏治入手，加強了對官員的考核。宋朝官場因保守之風盛行，官員們不求有功，但求無過，個個都只想當老好人熬升職、等加薪。范仲淹主張按政績升遷，嚴格考核，碌碌無為者靠邊站。新政還主張限制恩蔭，一是限制恩蔭的數量；二是對恩蔭者進行考試，不合格者不授官。此外，范仲淹還提出了一系列改革科舉、減輕徭役、利於農業發展、加強邊防的改革方針。范仲淹的想法是對的，但他操之過急了，一上來就對官僚體系開刀，勢必遭到整個官僚集團的激烈反對。新政推行了一年多便以失敗告終，國家積貧積弱的局面並未改變。之後的二十多年間，宋朝的財政危機愈發嚴重，財政赤字逐年擴大，北宋的統治面臨著嚴重危機。此時在位的皇帝是宋神宗，在他的支持下，慶曆新政的升級版頒布了，它就是一〇六九年開始的王安石變法。

王安石變法以富國強兵為目的，內容涉及經濟、軍事、教育等諸多方面。其中推行範圍最廣、影響最大的，是青苗、募役、保甲三法。青苗法本質上是官府放貸，在每年春正月和五月青黃不接時，農民可向官府借貸，收糧後還款，加百分之二十的利息。此法目的是為政府增收，並保證農業生產，同時減少民間高利貸對農民的盤剝。募役法也稱「免役法」，其核心是收免役錢。宋代百姓要輪流給官府義務勞動，稱為「職役」，比如看管倉庫、運送官物、督催賦稅等。職役干擾了民眾的生產和生活，很多人會逃避。募役法推行後，民眾不再職役，改為交免役錢，官府雇人服役。以前不服職役的人，如官員、僧尼、道士等，現在也要交錢。此法理論上既不耽誤農業生產，又保證官府的活有人幹，還能增加政府收入。保甲法是把農民編練成民兵，有兩丁以上的農家出一人為保丁，十家組成一保，五保組成一大保，十大保為一都保，各設保長負責。保內要互相監視，一人犯罪，其他人連坐受罰。保丁平時在家務農，農閒時參加軍事訓練，力求實現兵農合一，提高宋軍戰鬥力。

王安石變法取得了一定成果，特別是在富國方面，成績斐然。變法後，北宋政府很快就有錢了，國庫積累的財物可夠戶部支用二十年。而其他方面，變法收效甚微。強兵方面，宋神宗後來兩次對西夏用兵的結果都是一敗塗地，損失了至少六十萬人，宋神宗因此鬱鬱而終。更鬧心的是，變法遭到社會上下各階層的激烈反對。以司馬光為代表的反對派批評變法是在斂民財、折騰老百姓。的確，由於變法推行得太急，加之用人不當，很多措施適得其反。比如青苗法，初衷本是借錢給農民救急，政府還能賺利息。可是推行過程中，基層官員急功近利，不缺錢的農民也被官府強行放貸。青苗法一年分兩次放貸，每次加百分之二十的利息。有的地方故意加息，據說有些過分的，利息加到了百分之八十，這已經和明搶沒什麼區別了，和民間的高利貸比有過之無不及。募役法和保甲法也是亂搞一通，有的地方前腳剛收了農民的免役錢，後腳又以保甲法為名讓農民職役。宋神宗死後，司馬光出任宰相，變法幾乎全部廢止。

王安石變法的初心是好的，措施也很好，但他高估了北宋社會的轉型能力。王安石想以政府壟斷代替市場，導致底層官員急功近利，「一切向錢看」，最後改革失敗是歷史之必然。任何政府如果既想當裁判，又想當運動員，就一定會破壞遊戲規則。到頭來，大家都不願意和你玩了。

27 金朝的建立

女真滿萬不可敵　滅遼緣起海東青

古代的中原政權經常會面對北方游牧民族的威脅。唐朝之前的威脅主要來自北方偏西的少數民族，如漢之匈奴、晉之五胡、唐之突厥；自唐朝中期以後，威脅轉移向了北方偏東，東北的少數民族輪番搞事情。先是契丹人建立了遼，把宋朝折騰得夠嗆；遼代後期，又一批東北人興起了，他們就是女真人。

女真人是東北土生土長的，其先祖屬東北三大古族系中的肅慎族系。南北朝時女真被稱為勿吉，隋唐時女真被稱為靺鞨。靺鞨生活在白山黑水之地，漸漸發展出了多個部落，著名的有七個，其中以粟末靺鞨和黑水靺鞨為南北二強。高句麗滅亡後，粟末靺鞨首領大祚榮在東北建立了渤海國，渤海國接受了唐朝的冊封，號「海東盛國」。契丹崛起後，於九二六年滅了渤海國。曾被渤海國役屬的黑水靺鞨轉附契丹，契丹人稱黑水靺鞨為「女真」。後世有學者認為，「女真」一詞正是「肅慎」的轉音讀法，實為同名。

依據不同的生產方式，人類文明可分為農耕文明、游牧文明和海洋文明等類型。女真文明可歸入游牧文明的大範疇，但具體而言，女真文明並不是純粹的游牧文明，而是一種漁獵文明。漁獵文明屬多技能文明，漁獵文明社會的生存能力比較強，生活於其中的人既能騎馬打獵，又能下水捕魚，有時還能農耕。宋朝的相關史書形容女真人道：

> （善）騎，上下崖壁如飛，濟江河不用舟楫，浮馬而渡。[1]
>
> 人如虎，馬如龍，上山如猿，下水如獺，其勢如太（泰）山。[2]

因為女真人的戰鬥力很強，時人評價說：「女真不滿萬，滿萬不可敵。」既然女真「滿萬不可敵」，那就不能讓女真人滿萬，所以遼朝統治者一直對女真人進行分化與打壓。遼朝將文明程度高一些的女真人遷到遼東地區，編入遼國戶籍，稱之為「熟女真」；沒有被編入遼國戶籍的女真人，繼續「散養」在今黑龍江和吉林一帶，過著粗獷而彪悍的生活，他們被稱為「生女真」。生女真有許多部落，它們都臣服於遼。生女真部落每年要向遼朝進貢本地的土特產品。在諸多貢物中，遼國最青睞的是一種名為海東青的雕。後來，就是因為進貢海東青一事，女真民族憤然起兵，最終滅遼並取而代之。

遼國建國後，皇帝不喜歡常年待在某一都城，更喜歡到處巡幸，就像今天的露營車旅行那樣瀟灑。每年的春、夏、秋、冬四季，遼國皇帝都有固定的巡幸地。皇帝巡幸到哪兒，朝廷就搬到哪兒。契丹人稱巡幸地為「捺鉢」，即契丹語「行營」的意思。春捺鉢地點在長春州（今吉林前郭爾羅斯西北塔虎城），每年春天，遼國朝廷就會到此地辦公，皇帝在此地會見各部落首領，並舉行圍獵活動。圍獵時，海東青是最佳的圍獵伴侶，這種猛禽飛起來快若閃電，能瞬間捕殺大雁和天鵝。正是因為海東青的勇猛，遼國皇帝對它鍾愛有加，就像今天的中東富豪喜歡玩獵鷹一樣。除了打獵、玩耍外，海東青還能給遼國帶來豐厚的外匯收入。那時，有一種名為北珠的珠寶風靡於北宋。據史料記載，周長一寸的北珠在北宋可以賣到二三百萬錢，快趕上宰相一年的俸祿了。這種北珠產於遼國境內，藏於遼東大海裡的珠蚌內。當地有一種天鵝，專門吃珠蚌，北珠就會藏於這種天鵝的嗉囊裡，只要契丹人獵獲這種天鵝，就很可能得到價值連城的北珠。而獵獲天鵝的最佳辦法，就是用海東青捕殺。為了對宋朝出口北珠以創造收入，也為了滿足部分契丹貴族收藏北珠的需求，遼國強迫女真人大量進貢海東青。為此，遼國還派出了名為「銀牌天使」的官員出使女真地區，實際上就是催收官員，專門徵收海東青。「銀牌天使」每到女真部落，不僅索要海東青和各種禮物，還強迫女真的未婚少女陪他們睡覺。女真人忍無可忍，憤然起兵抗遼。

1 出自《大金國志校證》卷之三十九，〈初興風土〉。
2 同上書，卷之四，〈太宗文烈皇帝二〉。

女真人的抗爭此起彼伏，且多為小規模游擊戰，這讓遼國防不勝防。不得已，遼國採用了「以夷制夷」的辦法，遼國扶持了幾個女真部落的首領，讓他們協助遼國鎮壓和管理女真各部。生女真完顏部的首領就被委以此任。仗著給遼朝做「二鬼子」，完顏部迅速強大起來，不久後建立了女真部落聯盟。女真人已經滿萬，馬上就要不可敵了。而此時的遼國，又出了一個作死皇帝，他就是遼國的末代皇帝——天祚帝。

一一一二年，天祚帝在春捺鉢舉辦「頭魚宴」，就是在春季捕獲第一條魚後舉辦盛大宴會。這次宴會宴請了生女真各部的首領，完顏部的阿骨打也來參加了。天祚帝很像今天東北的「酒蒙子」，一喝多就要惹事，不僅鬧騰，還特別噁心人。酒過三巡，天祚帝讓女真首領們給他跳舞助興。雖說這些人都是遼國的「二鬼子」，但人家好歹也是首領，讓他們當眾跳舞，這多少有點侮辱人了。其他首領也許會屈從，但完顏阿骨打生性剛烈，直接拒絕了天祚帝。天祚帝感到很掃興，想殺了阿骨打，被手下阻攔才作罷。頭魚宴的跳舞風波，讓阿骨打徹底看清了遼國的罪惡與腐朽，他決心率領女真人滅掉遼國。此時的女真已不再是分散而弱小的「散養部落」了，而是一個強大的部落聯盟。在阿骨打的領導下，女真人把契丹人打得節節敗退，真的是「滿萬不可敵」。一一一五年，阿骨打在會寧（今黑龍江哈爾濱阿城區南白城）稱帝，建立了金朝。

稱帝前後，阿骨打還構建了金朝的國家制度。在中央，金朝實行勃極烈[3]制度。選擇若干顯貴出任「勃極烈」，參與議事和輔政，實行集體領導。在地方，金朝推行猛安謀克[4]制，將所有女真人都編入猛安、謀克，三百戶為一謀克，十謀克為一猛安。戰時，以此建制統軍；平時，以此管理人員。就這樣，女真人被完全組織了起來，戰鬥力迅速提升。建國當年，金軍就攻占了遼國的軍事重鎮黃龍府（今吉林農安）。天祚帝見事態嚴重，親率十餘萬大軍前來討伐，竟被阿骨打所率的二萬金軍擊潰。

黃龍府之戰勝利後，金軍勢如破竹，第二年拿下遼東。一一二〇年，阿骨打親率大軍攻占上京臨潢府，天祚帝徹底慌了，跑到了西京大同府，退守遼國殘存的半壁江山。就在金軍一口一口吃掉遼國的時候，遼國的「百年友邦」北宋坐不住了。北宋此時也出了一個作死皇帝，他不僅給遼國送了終，也陪葬了自己的北宋江山。

3 金初官號，為女真語音譯，「治理眾人」之意。

4 金建國以前，「猛安」為女真部落統軍首領，「謀克」為氏族長；金建國後，諸軍由猛安、謀克逐級統領，「猛安謀克」又用以稱軍事組織。

28 靖康之難

坑兒子徽宗禪位 改年號暗藏玄機

北宋末年，女真人建立的金國在東北雄起，打得遼國節節敗退。此時的北宋、遼、金三國，戰鬥力最強的是金，其次是遼，最差的當數北宋。北宋朝廷若是明智，應採取聯遼抗金之策，就像當年孫、劉聯合抗曹那樣。可是北宋皇帝利令智昏，在關鍵時刻走了著臭棋。

北宋當時的皇帝是宋徽宗趙佶。他是宋神宗的第十一子，本來是沒有機會當皇帝的。宋神宗前五個兒子都早殤，所以宋神宗駕崩後只能由最年長的老六繼位，是為宋哲宗。哥哥當了皇帝，趙佶獲封端王，生活倒也不錯。可是宋哲宗命短，二十四歲便英年早逝，且宋哲宗唯一的兒子早夭，所以皇位只能兄終弟及。宋哲宗活著的弟弟中，最年長的是老九，可是老九有眼疾，沒法當皇帝。老九之後，便是老十一趙佶了(老十早殤)。就這樣，趙佶撿漏得以繼位。相傳，趙佶出生前，宋神宗在宮中祕書省觀看南唐後主李煜的畫像，見其形象風流儒雅，不禁再三驚歎。之後，趙佶出生那夜，宋神宗又夢見了李煜。於是，坊間流傳趙佶乃李煜託生。李煜是著名的文藝皇帝，趙佶和他像極了。無論是書法繪畫，還是詩詞琴瑟，宋徽宗的水準可謂登峰造極。宋徽宗獨創的書法字體「瘦金體」，纖瘦有力，獨具風韻，相關書法作品是後世收藏界的極品。在體育運動方面，宋徽宗的成績也不賴，騎馬、射箭、蹴鞠、捶丸，他都玩得有模有樣。

宋徽宗樣樣皆能，卻唯獨不善於治國。他在位時，追求奢靡，下令組建皇家運輸隊「花石綱」，十艘船稱一「綱」。運輸隊管事官員從江南搜刮奇花異石，然後運到都城用以修建園林。民眾苦不堪言，起義接連不斷，宋江和方臘就是這時候鬧起來的。在對遼關係方面，宋徽宗更是盲目。澶淵之盟訂立後的一百多年間，宋、遼宛如兄弟。宋真宗駕崩時，遼聖宗召集眾臣舉朝致哀；宋仁宗駕崩時，遼道宗聞訊後號啕大哭，幾成淚人。宋徽宗在位時，遼國正被金國虐狗般痛打。出於情誼，宋應該支援遼；即便只為國家利益考慮，宋也應該支援處於弱勢的遼國，讓遼做宋、金之間的擋箭牌，避免金軍侵宋。可是無論是於情還是於理，宋徽宗的腦子都沒轉過來。他所惦念的，是趙宋皇帝們心中那顆「朱砂痣」——幽薊十六州，此時也常稱「燕雲十六州」。宋徽宗心裡盤算著，如果能聯合金軍滅遼，就能趁機收回燕雲十六州，他就可以實現太祖、太宗都沒實現的夢想了，到那時，大宋王朝復興，他就是宋朝歷史上最偉大的皇帝了！這事不能多想，一想就會偷著樂。偷著樂的宋徽宗，立即派人出使金國，商議聯金滅遼。

宋朝使臣如果從陸路去金國，必須經過夾在中間的遼國。若被遼軍發現，宋朝還真沒法交代，總不能說「我要去聯合金國滅了你」。所以，宋使是從山東乘船出發的，橫渡渤海前往東北，對外宣稱是去金國買馬。經過兩年的反覆談判，宋金於一一二〇年達成協議：金軍從北方進攻遼中京大定府，宋軍從南方進攻遼南京析津府，即燕京；滅遼後，金同意將燕雲十六州歸入宋朝，宋朝將原給遼之歲幣轉送給金國。談判過程中，雙方使者都是從海上往返的，盟約因此得名「海上之盟」。

一一二二年，金軍按約定南下，很快就攻下了遼國的中京和西京。此時，十五萬宋軍也北上攻打燕京。已經被金軍打得暈頭轉向的遼軍，見宋軍來趁火打劫，大罵宋人背信棄義。遼軍同仇敵愾，把宋軍打得大敗而歸。幾個月後，宋軍再攻燕京，這一次宋軍進了城。本來，宋軍是以解放者的身分前來光復故土的，可是宋軍紀律敗壞，進城後燒殺搶掠，又被燕京百姓聯合遼軍打了出來。在百姓心裡，統治者是什麼人不重要，重要的是統治者是否把百姓當人。兩次都未攻下燕京，宋軍將領為逃避罪責，趕緊向盟友求援。金太祖看宋軍這般丟人現眼，也實在看不下去了，遂出兵燕京，一舉攻下。

戰後，宋使覥著臉去金國討要燕雲十六州，把金國君臣都給弄懵了。完顏阿骨打對宋使說：

> 我自入燕山，今為我有，中國（北宋）安得之！[1]

阿骨打說的也在理，你們宋軍沒有按約定攻下燕京，我們金軍自己打下來了，憑什麼把燕雲十六州給宋朝呢？宋使無言以對，只好回國奏報。宋朝打仗是不行，但是宋朝不差錢啊！雖然打不回來，但宋朝可以買回來。經過討價還價，金軍同意先將燕京和其他六個州交割給北宋，但北宋每年給金的歲幣要追加一百萬貫。金軍撤離時，將燕京一帶城中的人口與財物搶走，歸還宋朝的只是幾座空城。即便這樣，宋徽宗依舊龍顏大悅，興奮地命人製作「復燕雲碑」來給自己歌功頌德，北宋朝廷一片歡天喜地。宋徽宗在聯金滅遼中的這番搞笑表演，不僅暴露了自己的智商之低，也暴露了宋廷的財富之多。在悍匪面前露富，無異於作死，宋朝的悲劇馬上就要來臨了。

一一二五年，金軍俘虜天祚帝，遼亡。同年，金軍發兵十餘萬南下攻宋，很快就包圍了宋都開封。兵臨城下，江山危在旦夕，宋徽宗誓死不願做亡國之君，於是把帝位禪讓給了兒子宋欽宗，宋欽宗即位後改元靖康。相傳，宋欽宗當時死活不願繼位，是被人強行套上龍袍被迫「營業」的。即位後，宋欽宗就向金軍求和。金軍當時並未做好滅宋的準備，答應了求和，勒索大量財物後撤軍。半年多後，金軍捲土重來，一戰便攻下了開封。一一二七年初，徽、欽二帝出城投降，被金軍擄走，北宋宣告滅亡。

1 出自《續資治通鑑長編拾補》卷四十六，〈徽宗・宣和五年〉。

北宋滅亡時，宋徽宗的兒子康王趙構，正在外地組織軍隊準備抗金。徽、欽二帝被俘後，趙構在群臣擁戴下登基，是為宋高宗，南宋由此開始。趙構登基前後，人們在宋欽宗的年號「靖康」上發現了玄機：靖康的「靖」字，可以拆分出「十」「二」「月」「立」四個字，再加上靖康的康字就是「十二月立康」。康王趙構正是在十二月就任兵馬大元帥的，當時的人們相信，這一切，都是天意。

29 南宋與金的對峙

續命皇帝跑得快　紹興議和求偏安

金軍攻占開封後，兵力只剩五六萬，無力長期占領開封。中原的天氣也開始轉熱，來自東北的金兵很不適應。於是，金軍撤軍北返。金軍滿載而歸，不僅擄走了徽、欽二帝，還擄走了后妃、宗室、朝官等三千多人，並劫掠了大量財物。臨走前，金軍在開封立了北宋舊臣張邦昌為傀儡皇帝，讓他負責維持秩序。

張邦昌並不想當這個皇帝，被迫登基後，他仍以臣子之禮事宋。金軍北返時，張邦昌身著縞素向徽、欽二帝跪拜送行，邊拜邊哭。而後，他又請求康王趙構自立為帝。在張邦昌和一批北宋舊臣的擁戴下，趙構在南京應天府[1]登基即位，是為宋高宗。儘管張邦昌小心翼翼地恪守臣子本分，但他終不被君臣禮法所容。沒多久，宋高宗就找藉口把張邦昌弄死了。宋高宗即位後，大臣們多次請求他還都開封。但宋高宗對「靖康之難」心有餘悸，認為開封無險可守，萬一金軍來個回手掏，他逃都逃不掉。宋高宗不但不還

1　北宋有東、西、南、北四京，南京應天府在今河南商丘市南。

都，還從應天府跑到了更遠的揚州。結果真讓宋高宗猜著了，一一二九年，金朝主戰派完顏宗弼率軍南下，要徹底消滅趙宋。金軍長驅直入，急襲揚州。宋高宗聞訊，來不及和宰相打招呼，帶著五六個近侍直接跑路了。宋高宗逃往了杭州，金軍渡江追擊，宋高宗又從杭州出逃，經越州（今浙江紹興）轉明州（今浙江寧波南），最後逃到定海。金軍下海追擊，還是沒能追上宋高宗。誇張一點說，南宋朝廷能夠續命，全憑高宗皇帝跑得快。金軍這次渡江作戰，是當前已知的中國北方游牧民族第一次越過長江。金軍也擔心孤軍深入會有危險，追擊無果後就趕緊北返了。北返途中，金軍在位於建康東北的黃天蕩被韓世忠率領的宋軍阻截，被圍困了四十多天才突圍出來。金軍完全撤出江南後，一一三二年，宋高宗移駕已改名「臨安府」的杭州，臨安府成了宋朝的「行在」，「行在」指皇帝行幸之地，換句話說，臨安府成了南宋的臨時都城。自登基以來，宋高宗一直在到處跑路，直到此時才稍微鬆了一口氣。一年多以前，一個被金人擄走的北宋舊臣也逃到了臨安府，此人後來主導了宋金議和，他便是秦檜。

秦檜當年是北宋的主戰派，力主抗金。開封城破，秦檜被金人擄走北上。之後，秦檜得到完顏昌的賞識，還被委以官職。完顏宗弼南侵時，秦檜以參謀的身分隨金軍南下。按照秦檜的說法，他是趁機殺了監視他的金兵，然後搶了一條小船渡海逃回來的。秦檜回到南宋後，很是迎合宋高宗，不久後便升任宰相。無論是在金朝，還是在南宋，秦檜都能被委以重任，足見此人的政治能力。針對宋金局勢，秦檜提出了「南自南，北自北」的南北分治方案，主張宋金議和。宋高宗也很想議和，但朝廷內部的主戰派與主和派意見不一，戰和政策一直不定。在群臣的彈劾下，秦檜被罷去相位。紹興七年（一一三七），主和派的完顏昌得勢，他主張對南宋議和。宋高宗得知後，再次任命秦檜為宰相，負責與金議和。宋高宗一是不想打了，二是想借議和接回自己在靖康之難時被金人擄走的母親韋氏。紹新九年（一一三九）初，宋金達成了和議：南宋向金稱臣、納貢；金把陝西、河南地區劃歸宋，並送回宋徽宗的靈柩及宋高宗的母親韋氏。可是，完顏昌與南宋議和的行為遭到了金朝主戰派的激烈反對。訂立和議的同一年，主戰派將領完顏宗弼掌權，隨後殺了完顏昌，主戰派得勢。次年，完顏宗弼率十萬大軍南下，欲奪走陝西與河南。

在與金軍的長期作戰中，宋軍的戰鬥力有所提升，湧現出以岳飛、韓世忠、劉錡為代表的抗金名將。尤其是岳飛，他統領的軍隊訓練有素、紀律嚴明，「凍死不拆屋，餓死不擄掠」，人稱「岳家軍」。面對完顏宗弼毀約南侵，宋軍全面迎擊。先是在順昌（今安徽阜陽），劉錡以二萬宋軍擊退十萬金軍，迫使完顏宗弼退守開封。金軍在此戰中派出了精銳部隊「鐵浮圖」，這是一種重裝甲騎兵，每三人為一組，用皮索相連，人馬皆有鎧甲護體。「鐵浮圖」向前衝時，不怕箭射和刀砍，就像一堵移動的城牆，能輕易地衝散宋軍；此外還有號稱「拐子馬」的鐵甲輕騎兵從左右兩翼包抄。靠著「鐵浮圖」與

「拐子馬」，金軍屢屢獲勝。劉琦看出了「鐵浮圖」和「拐子馬」馬腿裸露的弱點，組建了一支敢死隊，每人携帶一竹筒豆子，手持長刀衝在前面，見到「拐子馬」便拋竹筒，馬被撒出的豆子吸引後，敢死隊便對著馬腿砍。遍地的竹筒也限制了「鐵浮圖」的活動，混亂中有較大機會砍中套索的馬，一匹馬被砍，另外兩匹也無法前行，不管是「鐵浮圖」還是「拐子馬」，都被揍成了趴窩馬。順昌大捷後不久，岳飛又在開封附近的郾城和潁昌（今河南許昌）大敗金軍。完顏宗弼徹底被打懵了，準備放棄開封北撤。就在此時，宋高宗下令各路宋軍停止追擊，班師回朝。宋高宗並不想乘勝追擊，只想見好就收，以便趁熱打鐵與金軍議和。紹興十一年（一一四一），宋金訂立紹興和議：南宋向金稱臣、納貢；雙方東以淮河，西以大散關（今陝西寶雞西南）為界。相比上次議和，這次宋朝失去了陝西、河南的大片領土，顯然是賠了。宋高宗如此著急議和，是因為他實在是打怕了。他不僅怕被金軍打敗，更怕宋軍將領日後無法控制。

宋高宗即位以來，朝廷一直在和金軍作戰，朝中武將的地位不斷上升，這嚴重違背了宋朝「重文輕武」的國策。尤其是岳飛，功高震主。他的軍隊被稱為「岳家軍」，而非「宋家軍」或「趙家軍」。在宋高宗看來，這是十分危險的。更要命的是，岳飛為了江山社稷，曾建議宋高宗盡快立儲。宋高宗本有一幼子，但後者在躲避戰亂的過程中夭亡了。之後，宋高宗就沒再有孩子，長期顛沛流離的生活可能讓他失去了生育能力。

岳飛以武將的身分提出立儲問題，這不僅犯了武將干政的政治大忌，還讓宋高宗很是難堪。為了絕對的政治安全，宋高宗決定除掉岳飛，他讓秦檜去操辦此事。就在紹興十一年年底，宋廷以「莫須有」的罪名處死了岳飛父子，鑄成千古奇冤。岳飛之死，是皇權社會中的政治悲劇。換作別的皇帝，岳飛可能也不會得到善終，只是別的皇帝不一定像宋高宗這般令人不齒。

今天，在西湖畔的岳飛墓前，有一尊秦檜鐵像跪在那裡，接受過往遊客的唾罵。洩憤之餘，大多數遊客並不知道，秦檜只是執行了宋高宗的指令，應該跪在那裡的，其實還有宋高宗。

30 經濟重心南移

蘇湖熟天下吃飽 江南好重心南移

南宋偏安南方，與金朝隔淮河對峙。雙方你看不慣我、我看不慣你，又都沒辦法吃掉對方。雖說只剩半壁江山，但南宋在江南這片小天地裡過得卻非常滋潤，南方經濟迅猛發展。中國自唐朝開始的經濟重心南移，最終在南宋時期完成。此後，中國的經濟格局都是南強北弱的。

經濟重心的南移，總共分為三個階段。第一階段在三國兩晉南北朝時期，江南地區得到開發，為經濟重心南移奠定了基礎；第二階段在唐朝中後期，經濟重心開始南移；第三階段在南宋時期，經濟重心南移完成。這三個階段都伴隨著大規模的人口南遷。人口南遷與經濟重心南移互為因果，相互促進。兩晉之交，中原地帶戰亂頻繁，許多中原的漢人為了躲避戰亂，選擇去往江南，是為永嘉南渡；唐朝中期，安史之亂爆發，北方亂套了，連唐玄宗都跑到了四川，許多中原人為了躲避戰亂，也都逃到了南方；南宋初期，金軍南下，宋高宗不斷往南邊跑，最後偏安江南，大量中原人也跟著南宋朝廷一起跑路到南方。人口的南遷，不僅帶去了勞動力，還帶去了先進的生產技術，人們充滿了開拓新生活的拚搏精神。兩宋存在的三百多年裡，南方地區一直都是希望的田野，支撐著兩宋的經濟發展。

民以食為天，在古代，吃飯問題關係著江山社稷的安穩。兩宋時期，農業有了跨越性發展。究其原因，一是江南地區的持續發力，二是生產技術的革新。江南地區氣候濕熱，光照充足，如果一年只種一季糧食，實屬浪費資源。兩宋時，稻麥復種制已經在江南普及，閩粵地區還出現了雙季稻。稻是指水稻，脫殼後就是白米。北方人吃麵，南方人吃米，這是中國人幾千年來的飲食結構。不巧的是，北宋時期，江南地區的氣候由濕潤轉向乾旱，頻繁地發生旱災，極不利於水稻種植。一〇一二年，江淮兩浙地區又是春旱無雨，耽誤了春耕。災情奏報給宋真宗後，宋真宗比聽到遼軍南侵還著急。這可不是鬧著玩的，春耕被耽誤，秋天就會鬧饑荒，老百姓餓急了就會起來造反。宋真宗詢問群臣有何對策，有人建議讓受災地改種占城[1]稻。這是一種原產自越南的水稻，唐末就引入了福建地區。占城稻有三個優點：耐旱、長得快、產量高。宋真宗一聽，這簡直就是上天為大宋量身打造的水稻品種！事不宜遲，宋真宗立即「遣使就福建取占城稻三萬

1 即占婆補羅，古國名，在今越南中部，中國史籍稱「林邑」，九世紀後期改稱「占城」。

斛」[2]，分給江、淮、兩浙三路轉運使。不僅送去了種子，還讓官員貼皇榜教農民如何種占城稻，真可謂「科技助農」。占城稻長得很快，災區的水稻種得晚，卻比別的地方豐收得還早。民眾嘗到了甜頭，紛紛改種占城稻。到南宋時，整個長江流域都種上了占城稻。長江下游的蘇州、湖州地區成了天下糧倉，以至於當時有諺語曰：「蘇湖熟，天下足。」占城稻養活了宋朝的百姓，促進了宋朝人口的增長，根據史料估計，宋朝人口總數很可能超過一億。

農業發展了，民眾吃飽了，生產力也解放了，官民也就有力氣發展別的行業了。兩宋時期，手工業也迎來了大發展。製瓷業方面，宋朝出現了汝、官、哥、鈞、定五大名窯。產自河南汝州的汝窯瓷器，以名貴的瑪瑙為釉，釉色能呈現出雨後的天青色，「似玉、非玉、勝似玉」，是文藝皇帝宋徽宗的最愛。汝窯瓷器專供皇室使用，若有不合格的產品，一律砸碎深埋，不許流入民間，以至於有「縱有家財萬貫，不如汝窯一片」的說法。據不完全統計，如今存世的宋代汝窯瓷器不足一百件。二〇一七年，一件直徑十三公分的汝窯天青釉洗在香港拍賣，賣出了二・九四億港元的天價。宋朝的造船業也很發達，當時遙遙領先於世界。宋太宗時期，全國每年造船的數量就超過了三千艘。大的海船可以載五六百人，船上可供應所載人員一年的飲食。宋朝的船還配備了建造許多「黑科技」，如船艙廣泛使用水密隔艙技術，也就是在船底艙室建造多個獨立的封閉小隔艙，發生觸礁或碰撞導致一兩個艙室破損進水的情況下，只需將進水的艙室封閉即可，可有效減少沉船事故發生。船上還配有羅盤，也就是指南針，可以在出海時指明方向，是遠洋航行的好伴侶。

發達的手工業使得眾多商品得以生產，除了國內消費外，生產的商品還可以出口創造營收，因此，發展對外貿易成了兩宋的時代需求。宋朝以前，對外貿易主要通過陸路，即陸上絲綢之路來進行；兩宋時期，西北地區長時間被西夏占據，宋、夏又長期敵對，陸路貿易幾乎斷絕。不過這都沒關係，以宋朝先進的造船業和航海技術，完全可以用海路代替陸路來進行對外貿易。正是從宋朝開始，陸上絲綢之路漸漸衰落，海上絲綢之路成了中國對外貿易的主幹線。一九八七年，中國在廣東陽江附近海域發現了一艘南宋時的沉船，考古界將它命名為「南海I號」。這是一艘外貿商船，上面載滿貨物，光是出土的瓷器便有一萬三千餘件套（截至二〇一六年初）。這艘沉船見證了宋代海外貿易的盛況。為了管理海外貿易，宋代還在大型港口城市如廣州、泉州、明州等地設立市舶司，市舶司類似於今天的海關。宋高宗紹興十年（一一四〇），僅廣州一地的關稅收入就達一百一十萬貫。據學者估算，兩宋間，各地市舶司每年的稅利之和占到了朝廷財政總收

2 出自《續資治通鑑長編》卷七十七，〈真宗·大中祥符五年〉。

入的百分之一到百分之五。

都說宋朝不差錢，總是花錢買和平，儼然一個愛撒幣的散財童子。調侃之餘，我們更要看到宋朝花錢買和平的背後，是強大的經濟實力。比軍事，宋朝甘拜下風；拚經濟，大宋無可匹敵！

31 宋代城市生活

唐宋變革入近世　城市生活快樂多

近代以來，日本學者對中國史的研究頗為深入，其角度與觀點也相當獨到。如日本學者內藤湖南提出的「唐宋變革論」，該理論認為唐宋之際是中國從「中古」踏入「近世」的變革時期，這一觀點在學界引起了不小的反響。從城市生活角度而言，唐宋之際的確出現了重大變革，宋代人的城市生活已經初具近代城市生活的面貌，宋代城市居民的幸福感之高也是中國古代前所未有的。本篇我們就回到宋代，過一天宋代人的城市生活。

你住在北宋都城開封府，時人稱之為東京。北宋選擇在此定都，主要出於地理位置和交通的考慮。唐朝中期以來，中國的經濟重心逐漸向南方地區轉移，長安和洛陽的位置顯得愈發偏遠，已不再是「天下之中」。開封在洛陽的東面，更接近東南地區，可謂「八方輻輳，四面雲集」。開封擁有發達的交通，特別是水路交通，因為開封擁有汴河在內的多條運河。汴河就是京杭運河的通濟渠，汴梁也得名於此。隋、唐、宋三朝，全仰仗京杭運河為首都運送物資錢糧。在京杭運河和它所溝通的江河的沿線，分布著許多城市，城市裡都有許多居民。與其他王朝的重農抑商傾向不同，宋代政府很重視商業，尤其重視城市商業。城市商業發達，人們的就業機會也比較多。宋初實行「不抑兼併」的土地政策，許多失去土地的農民擁入城市討生活。你居住的開封城，人口超過了一百萬，是當時公認的超一線大都市。

清晨，你在睡夢中被報時人的木魚聲喚醒。報時人都是附近寺廟的僧人，他們會在早上走街串巷報時間，還會順便播報一下當日天氣。「天色晴明」，嗯，今天天氣不錯，可以出去轉轉。你拿起椅子上的衣服，穿好。宋代已普及高腿座椅，人們告別了席地而坐。剛穿戴好，就聽見有人敲門，是水販來了。開封城裡有很多官方修建的水井，居民已經能喝上乾淨的井水。可是你家離水井有點遠，你不想自己每天辛苦地去挑水，於是便花錢買了送水服務。水販每天早上按時送水，按擔收費，每擔的價格不超過八文錢。你讓水販把水倒進缸裡，順便舀了一瓢喝。透心涼，爽歪歪。這水是剛從井裡打上來的，有些涼，不適合用來洗臉。可是你又不想燒水，於是你決定去早餐攤洗臉，順便吃早點。

宋代政府解除了對城市商業的空間限制和時間限制，沿街都能擺攤，晝夜皆可營業。據《東京夢華錄》記載，開封地攤經濟的盛況是：

> 夜市直至三更盡，才五更又復開張。

凌晨三五點鐘，早餐攤就開始營業了。宋代城市居民的飲食習慣已經是一日三餐了，如果早上不想開伙，就到早餐攤去解決。你走出家門，眨眼的工夫就溜達到了街市上。你來到一家常光顧的早餐攤，要了一份炒肺，外加一盆洗面湯。考慮到有的食客早上來不及燒水洗臉，許多早餐攤都賣洗面湯。反正攤位的爐火要一直燒著，熱水有的是。你吃的炒肺，是一種類似於北京鹵煮的早點，熱乎乎的，一碗不過二十文錢。洗漱完畢，吃過早點，你打算去大相國寺逛逛。倒不是去燒香拜佛，今天是初八，大相國寺每月初一、十五和逢三逢八的日子都開放廟市，因此大相國寺是開封城內購物和玩耍的必去之地。

一路走去，街道上的人越來越多，越發顯得擁擠。開封城內千街萬巷，除了御街和主幹道外，其他道路都很擁擠。因為開封城人多地少，商業繁盛，占道經營和擴建房屋現象很普遍，時人稱之為「侵街」。侵街嚴重的道路，連馬都進不去。到了大相國寺附近，更是人山人海。幸好街道司今天派了人來維持交通，你才能夠擠進廟市。這街道司是宋代都城特有的機構，下轄五百名兵士，專門負責街道店鋪整治和秩序維持，有時還負責疏導交通、清潔街道等，有點像今天大陸的城管和交警。走進相國寺，那真是人聲鼎沸，僅中庭兩廡就有上萬人在交易。賣珍禽奇獸的、賣衣服鞋帽的、賣書籍字畫的、賣土特產的，應有盡有。大相國寺內還有各種各樣的文藝表演，有僧人表演梵樂，有教坊人員演奏宮廷音樂，當然也有民間藝人的雜耍表演，場面熱鬧非凡。

宋代還有一種專門的娛樂場所，名叫「瓦舍」，也稱「瓦子」或「瓦肆」。所謂瓦舍，就是一個超級大的演出大棚，可由多個小棚並列相連。瓦舍之中，又有許多塊供演出使用的小場地，類似於舞臺，多用木欄杆圍起來，故稱「勾欄」。每個勾欄內表演一種節目，這家表演說書，那家表演傀儡戲（木偶戲），這家表演幻術（魔術），那家表演逗笑打諢。還有一種集說唱、舞蹈、表演於一體的舞臺表演深受民眾喜愛，它就是雜劇。雜劇誕生於晚唐，流行於宋代，後來在元代發揚光大。瓦舍內的人流量很大，商家還會來看表演的客人兜售美食和其他商品。總的說來，瓦舍就像今天的購物廣場這類綜合娛樂場所，有地方可以玩、有地方可以購物、有地方可以吃飯。在瓦舍，你可以逛上一整天都不喊累，因為太好玩了。即便逛到太陽落山之後，你也不用像唐朝人那樣要在夜禁之前趕緊回坊。因為在宋代坊市的界限已被打破，夜禁也基本被廢弛。

商品經濟的繁榮，讓城市空前熱鬧；市民階層的崛起，讓生活多姿多彩。與秦漢時期相比，宋代的疆域可能沒有那麼廣闊，軍事力量可能沒有那麼強大，但老百姓的生活卻是有滋有味的。歷史評價可以是多維度的，但民眾的幸福感應是核心維度。以此觀之，宋代的近世生活堪稱小民的幸福時代。

32 宋朝的科技

四大發明三在宋　活字印刷不常用

談到中國古代的科技成果，大家都會想到四大發明。「四大發明」這一概念是英國漢學家艾約瑟（Joseph Edkins）提出的，後來被中國學界廣泛引用。四大發明中有三大發明在宋朝出現或取得了重大突破。由此可見，宋朝在中國古代科技史上是繞不開的重大時期。

書籍是知識的源泉，那麼古人要如何複製書籍呢？唐朝以前，書都是人工抄寫的。以抄書為業稱為傭書，東漢的班超早年間就是幹這個的。抄本書的價格很貴，唐朝時能賣到一千文一卷，放在今天，就是幾千元一本的天價書。所以，那個時候能大量藏書的，要麼是官府，要麼是貴族，反正得有錢。東漢至魏晉時期的士族階層憑藉著家族的大量藏書，壟斷了獲取知識的途徑，進而壟斷了仕途。隋唐時期，科舉制興起，庶民可以通過讀書考試逆襲，因而人們對書籍的需求量激增。另外，唐朝佛教興盛，也需要大量複製佛經。因此，廉價且高效的書籍複製技術應運而生，也就是雕版印刷術。它需要將文字反刻到木版上，塗上墨後印到紙上，其靈感可能來自中國古代的石碑刻印技術。唐朝中後期，雕版印刷術已普及，書籍傳播跨入刻本時代。但雕版印刷術也有一些缺點，比如一套雕版只能印一部書，儲存雕版還很占地方。為了改進這些缺點，北宋慶曆年間，印刷工畢昇發明了活字印刷術。活字印刷術的核心原理是用一個個獨立的字模取代整塊的雕版，字模可根據書籍內容重新排列組合，反覆使用。畢昇使用的是膠泥活字，後世還出現了木活字和銅活字。可是，畢昇的活字印刷術在現實中的應用却不多。《北京圖書館古籍善本書目》收錄了古籍善本一萬一千多部，其中的活字印本只有一百五十餘部，只占約百分之一。這是因為活字印本的印刷品質並不好，印本中有的字深、有的字淺，每行字的間距也不一致，不如雕版印本美觀。更重要的是，漢字的數量太多了，光是常用的就有兩三千個，挑揀字模的過程很麻煩。對熟練的刻工來說，刻板的速度並不會比活字排版慢多少。所以，宋朝以後的書籍也多採用雕版印刷。

儘管活字印刷術在中國用得少，但德國人將這一技術改進後發揚光大了。活字印刷術被發明後，從中國傳播到世界各地。幾百年後，德國人古騰堡（Johannes Gutenberg）可能以此為靈感，發明了鉛活字印刷術，這一發明改變了世界的印刷史。西方文字的字母數量少，挑揀方便，製模簡單，很適合活字印刷。更重要的是，古騰堡還發明了一套高效的機器印刷系統。他改製的手搖式印刷機可透過拉桿控制壓印板來快速印刷，他改進的油墨使印刷的字跡更加清晰。手搖式印刷機流水線式工作，說不定只需一小時就能印刷出一本書。很快，這種鉛活字印刷術就在歐洲普及，推動了出版業的革命，促使使歐洲人擺脫中世紀的文化桎梏。十九世紀，古騰堡的鉛活字印刷術傳入中國，逐漸取代中國用了一千多年的雕版印刷術。中國的活字印刷術影響了西方，西方的鉛活字印刷術又改變了中國。人類社會就是這樣的命運共同體，不同類型的人類文明相互借鑒、相互影響。

同樣改變世界的中國發明還有指南針和火藥。中國古人很早就發現了磁石能夠吸引鐵的現象，但不知其理，樸素地認為磁石是鐵的「母親」，因為「慈愛」吸引了鐵。所以，古人稱磁石為「慈石」，意為慈愛的石頭。西漢時，一個方士用磁石做成了兩枚可以相互吸引的棋子，給漢武帝演示兩枚棋子如何在棋盤上自相碰撞，漢武帝拍手稱奇，封該方士為「五利將軍」。地球也是個大磁體，南、北各有一個地磁極，磁石受地磁極吸引，可指示南和北。戰國時期，中國人製作了指向工具司南；宋朝時，更精巧的指南針出現了。為了方便讀數，人們將指南針安置在有方位刻度的圓盤中，製成了羅盤。指南針在宋朝時廣泛用於航海，阿拉伯人乘坐中國海船時學會了這項技術，又將它傳入歐洲。到了大航海時代，當歐洲的航海家探索新航路的時候，正是指南針為他們的遠渡重洋指引方向，從而指引歐洲人開啟了人類歷史新紀元的大門。

火藥的產生與中國古代的煉丹術有關。為了追求長生不老，方士們將亂七八糟的東西投入煉丹爐裡。煉著煉著，突然間濃煙四起，火光沖天，像是神仙顯靈了！後來方士們發現，煉丹爐裡有硫黃和硝石的時候，就會「神仙顯靈」。就這樣，早期的火藥被發明了。火藥不能讓人長生不老，但能爆炸傷人。唐朝末年，火藥開始應用於軍事，士兵會用投石車拋擲火藥包攻城。宋朝時，人們發明了火槍和突火槍。突火槍的主體是一根巨大的竹筒，筒內裝填火藥和彈丸「子窠」，點火後射出彈丸殺敵，有效射程為一百五十餘步。宋人還將火藥筒綁在弓箭上，製成了「火箭」，提高了弓箭的射程和破壞力。到了元朝，人們將突火槍升級成火銃，槍身加粗加長，用金屬管代替竹筒。有一種用於城防的火銃，其口徑有碗口大，在攻城戰中，元軍使用火銃就像電視劇《亮劍》中李雲龍使用義大利炮那樣令人聞風喪膽。

十三世紀，火藥經「歐亞大陸中間商」——阿拉伯人——之手傳入歐洲。歐洲人藉此發明了火繩槍和榴彈炮，人類從冷兵器時代過渡到熱兵器時代。冷兵器時代，歐洲的封建領主很厲害，他們防守靠城堡，進攻靠騎士。但在火藥武器面前，城堡不堪一擊，騎士被炸得滿地找牙，歐洲的封建階級不可避免地走向衰落。火藥推動了歐洲社會的變革，加快了新時代的到來。

33 蒙古汗國的建立

草原誰強誰有理 狠人要數鐵木真

正當南宋朝廷偏安在西子湖畔享受生活的時候，北方的草原上又有一個戰鬥民族崛起了。這個民族不僅改變了中國的歷史走向，還影響了世界歷史的進程。這個民族不僅將游牧民族的戰鬥力發揮到了極致，還將冷兵器時代的軍事征服推向了巔峰。這個民族，就是征服了歐亞大陸的蒙古。

蒙古最初只是草原上眾多少數民族中的一個，一說起源於東北三大古族系之一的東胡族系。後來，東胡族系衍生出了室韋，室韋各部中有一部為「蒙兀室韋」，此即「蒙古」一詞的來源。蒙兀室韋人原居住在額爾古納河以東地區，回紇（鶻）汗國滅亡後，蒙兀室韋西遷到回鶻的漠北故地，又融合了一些回鶻與突厥的後裔。後來，韃靼[1]也進行了西遷，與蒙兀室韋比鄰而居。韃靼較早組成部落聯盟，實力強大，所以史書中「韃

---

1 原為突厥統治下的一個部落，突厥滅亡後，逐漸強大。兩宋、遼、金時期，除本部外，又將漠北蒙古稱「黑韃靼」。後來蒙古崛起，韃靼被蒙古所滅。

靼」一詞有時也用作中國北方諸少數民族的統稱。宋、遼兩朝對草原諸部採取羈縻統治，只是籠絡，管理得並不好。草原諸部都是獨立的，分合不定，彼此間經常攻打與劫掠。劫掠是游牧民族的生活常態，因為游牧這種生產方式對環境與氣候的依賴性太強。與農耕文明社會可以獲得穩定的收入不同，游牧文明社會的收入極其不穩定，有時一場寒流就會讓其一無所有。因此，劫掠是游牧民族的生存方式——強權即真理，誰搶到就是誰的。根據蒙古族典籍《蒙古祕史》的記載，十二世紀的蒙古草原非常混亂：「星天旋轉，諸國爭戰，連上床睡覺的工夫也沒有，互相搶奪，擄掠。」直到一個狠人出現，才終結了這種混亂的局面。這個狠人，就是成吉思汗。

成吉思汗名叫鐵木真，關於他降生的傳說充滿了狠戾與殺氣。他的父親是蒙古乞顏部的首領也速該，鐵木真出生之時，也速該剛剛擊敗了鄰近的塔塔兒部，俘虜並處死了塔塔兒部的首領鐵木真兀格。按照蒙古人的信仰，如果抓到敵方勇士時，本部落正好有嬰兒降生，這個勇士的勇氣會轉移到這個嬰兒身上。因此，也速該給恰好降生的兒子取名為鐵木真。用殺死的敵人的名字給自己的孩子命名，這種狠勁一般人學不來。相傳，剛出生的鐵木真緊握右手，手裡面居然握著一個凝血塊。後人解讀，這是手握生殺大權的象徵，預示著屠戮與征伐。實際上，鐵木真手裡握著的血塊由母親子宮內的血液凝結而成，從現代醫學的角度來看，這並非什麼稀奇之事。鐵木真雖出身貴族，但他的童年却充滿苦難。他九歲的時候，父親被塔塔兒部的人毒死了。蒙古人沒有什麼忠義觀念，只信奉生存法則，一旦某個首領死去或倒臺，他的手下和部族會迅速作鳥獸散，投奔新的首領。年幼的鐵木真被部族拋棄，母親帶著他與眾兄弟在斡難河畔艱難地討生活。

苦難重重的生活造就了鐵木真鋼鐵般的意志，也讓他養成了不容被挑戰的性格。有一次，鐵木真的一個異母弟弟同他爭奪一尾魚，鐵木真認為這不可容忍，在精心謀劃之後，將這個弟弟一箭射殺。連兄弟都殺，這絕對是個不講情面的狠絕之人。鐵木真長大後，開啟了驚心動魄的逆襲之路。在鐵木真崛起的過程中，有兩個人對他的幫助最大，一個是他的義父王罕，另一個是他的義兄弟扎木合。此二人是蒙古另外兩個分支部落的首領，鐵木真倚靠他們的勢力收復了父親的舊部，將部落逐漸發展壯大。後來，由於利益衝突，鐵木真擊敗了此二人，吞併了他們的部落。經過多年的征戰，狠人鐵木真最終統一了整個草原。一二〇六年，鐵木真召集各部貴族在斡難河源召開大會，會上，鐵木真被推舉為全草原的大汗，號「成吉思汗」[2]，蒙古汗國由此建立。

成吉思汗創立了一系列國家制度對蒙古汗國政權加以鞏固。首先是領戶制度，將全體草原牧民以十戶、百戶、千戶、萬戶為單位組織起來，分給貴族和功臣統領。這個

2　蒙古語「強大」或「海洋」的意思。

制度對整合草原各部發揮了巨大作用。以前，蒙古只是草原上的一個大型部落。領戶制度建立後，全草原的各民族各部落都納入了蒙古汗國的統治範圍，壯大了蒙古汗國的力量。領戶制度將以前部落的界限打破，各部不再獨立，打散、融合之後，各部統一受成吉思汗指揮。另外，領戶制度打造出了獨特的行政軍事組織，無論是日常管理，還是戰時動員，運行起來都相當高效。其次是怯薛[3]制度，即挑選貴族子弟組成大汗護衛軍。怯薛軍有一萬人，分為四班，輪番護衛大汗，每班值守三天。怯薛制既培養了精兵，又將貴族子弟放在大汗身邊做人質，能夠有效駕馭貴族。此外，成吉思汗命人創造了蒙古文字，頒布了成文法典，使蒙古汗國的發展走上了正軌。完成了國家內部的制度構建後，成吉思汗開始了對外的征服與擴張。

成吉思汗有一句名言：「男子最大之樂事，在於壓服亂眾，戰勝敵人，奪取其所有的一切，騎其駿馬，納其美貌之妻妾。」簡而言之，就是消滅敵人，掠奪敵人，騎敵人的馬，睡敵人的老婆。成吉思汗先拿附近的西夏開刀，快樂地對西夏劫掠了好幾遍，迫使西夏稱臣、納貢。隨後，成吉思汗又向南進攻金朝，這個多年雄霸蒙古地區的宗主國，被成吉思汗打得統治者南遷中原腹地，國家危在旦夕。向西，成吉思汗的勢力一直延伸到中亞。中亞有個強大的國家叫花剌子模，其統治者沒把成吉思汗當回事，劫殺了蒙古商隊，還殺死了成吉思汗派去交涉的使臣。成吉思汗大怒，大舉西征復仇。最終，花剌子模被滅，國王逃到裏海的小島上鬱鬱而終。趁成吉思汗西征的工夫，西夏和金這兩個難兄難弟緊緊地抱在了一起，結成了抗擊蒙古的軍事同盟。蒙古大軍隨即再征西夏，就在圍攻西夏都城期間，成吉思汗病死在軍營裡。

臨終前，成吉思汗留下了一系列的遺囑，其中最重要的有兩條：一是滅西夏後要屠城；二是要結交南宋，借道南宋從背後滅掉金。歷史仿佛又輪迴了——當年北宋聯金滅遼，把自己玩死了；這一次，南宋又會怎樣抉擇呢？

3　蒙古語音譯，「番直宿衛」之意，由宿衛、侍衛、環衛三隊組成。

34 元朝的統一

元朝建立行漢法　崖山跳海大宋亡

蒙古人天生善戰，其生產、生活方式與作戰方式沒有太大區別——平日裡騎馬射箭打獵物，戰場上把人當成獵物即可。蒙古士兵大多是騎兵，這種冷兵器時代最先進的兵種，相較步兵有碾壓性優勢。他打你，他能追殺得你全軍覆沒；你打他，他能閃退得無影無踪。而且蒙古騎兵幾乎不需要後勤補給，打到哪兒搶到哪兒。即便沒搶到，他們還有「黑科技」軍糧——來自大草原的風乾牛肉粉。把一頭牛的精華紅肉切成肉條，經過風乾和捶打後，可搗成粉末。蒙古人會把牛肉粉裝進牛膀胱製成的行軍袋中，一袋牛肉粉夠一個蒙古士兵吃上大半年。蒙古人的戰術也很厲害。他們在草原上圍獵時，能調動上千牧民組成巨大的包圍圈。這種圍獵方式用在戰場上就是圍殲戰術，以少量兵力就可將數倍的敵人包圍，再配合精銳騎兵的進攻，敵人很難逃出包圍圈。蒙古人攻城的手段更為凶殘，每攻一城，若守城者投降，城中居民尚有活路可言；如若不降，必然屠城。蒙古人的屠城方式裡有一種相對仁慈的「車輪斬」，就是只將高於蒙古車輪的男性全部殺掉；最恐怖的屠城方式是不分老幼，全都殺。但蒙古人不殺工匠，會留著工匠為自己效力。在有些被蒙古人入侵的城市裡，城中有些居民會在身邊備著一把鋸子，一旦蒙古人屠城，他們就藉此冒充工匠。憑藉這種凶殘的戰鬥方式，蒙古騎兵從日本海一直打到今維也納附近，幾乎征服了整個歐亞大陸。然而，在蒙古人對外征服的過程中，最難啃的一塊骨頭，卻是戰鬥力比較低的南宋。

南宋自紹興和議後，與金屢有衝突，但大體保持了宋、金南北對峙的局面。蒙古崛起後，成吉思汗曾派使臣到南宋來商議共同伐金的事宜。南宋朝廷為此展開了激辯，爭論到底應該聯蒙伐金還是聯金抗蒙。最後採取了折中方案，誰也不聯合，但先把每年給金的歲幣停了。金朝被蒙古人打殘了，失去了北方的大片領土，想從南宋這邊得到補償，於是，金朝以南宋不給歲幣為理由，出兵侵宋。此時的金朝已是強弩之末，並沒有從南宋這裡占到便宜，可這下子卻把南宋打急眼了，南宋同意了蒙古的請求，兩國達成「和好」協議，共同伐金。在同一個歷史問題上了，趙宋犯了兩次相同的錯誤。

一二三一年，蒙古汗國第二代大汗窩闊台率三路大軍伐金，其中一路軍攻入宋境後從金朝後方發起進攻。金軍無力抵抗，金哀宗棄都城南逃，輾轉逃至河南蔡州（今河南汝南）。這時，南宋軍隊來了，帶著三十萬石軍糧來支援蒙古軍隊攻打蔡州。一二三四年，蒙、宋合力將金朝滅亡，金哀宗自縊殉國。滅金之後，南宋朝廷興奮異常，興高采烈地祭告太廟，慶祝這歷史性的勝利。神氣起來的宋軍，想渾水摸魚收復中原，於是趁亂進軍開封和洛陽。這種冒險行為無疑是偷摸蒙軍的老虎屁股，蒙軍突然殺回，宋軍損失慘重，狼狽南逃。不久後，蒙軍就大舉進攻南宋。宋軍將防禦重點放在了四川，憑藉險要修築堡壘，暫時抵擋住了蒙軍的進攻。在宋、蒙對峙期間，蒙軍順勢征服了吐蕃，滅掉了大理，完成了對南宋的包圍。一二五八年，蒙古第四代大汗蒙哥大規模伐宋，次年圍攻四川合州釣魚城（今重慶合川區東），蒙軍攻勢受阻，其間蒙哥死於軍營中。關於蒙哥的死因，至今仍眾說紛紜。有的說蒙哥是因為久攻不下內心抑鬱而病逝，有的說是因為中了宋軍的飛石或流矢重傷而死。

宋人的抵抗如此激烈，是因為他們真的無路可退了，南宋再往南退就是大海了。更關鍵的是，在於蒙古人的治漢政策讓宋人無法接受。蒙古的前四代大汗，都以草原為國家本位，視中原等征服地區為幾碟小菜，只想掠奪，不想用心治理。從根本上來說，這是文明類型不同所造成的認知差異。蒙古人游牧於草原，他們覺得城市是很奇怪的存在，理解不了城市的作用，所以蒙古人作戰時經常屠城。對早期的蒙古人來說，將中原夷平為牧場，然後在這裡牧馬放羊，那才是快活之事。蒙古對農耕文明的毀滅性掠奪，逼迫著南宋軍民與蒙古死磕了幾十年。到了蒙古第五代大汗忽必烈當政之後，蒙古的治漢政策發生了變化。

忽必烈是成吉思汗的孫子，蒙哥的弟弟。與其他蒙古貴族不同，忽必烈年輕時就對漢文化很感興趣，他的身邊聚集了一堆漢人士大夫。蒙哥在位時，讓忽必烈管理中原地區，這讓忽必烈更直觀地認識到了農耕文明的發達。蒙哥死後，忽必烈與弟弟阿里不哥爭奪汗位，最終在漢人的支持下獲得成功。漢人明白，雖然忽必烈也是征服者，但至少比那些劫匪般的蒙古貴族強得多。忽必烈即位後，推行漢法，就像是元初名臣徐世隆所說的：「帝中國，當行中國之事」。一二七一年，忽必烈給蒙古汗國改了個具有漢人風格的國號——大元。忽必烈還將統治中心南移，定都於大都（今北京）。他勸課農桑、尊崇儒學、推行仁政、廣開言路，在忽必烈的漢化政策下，漢人開始接受元朝的統治，至少不再把蒙古人當作劫匪了。

一二七六年，元軍攻入臨安，宋恭帝上表請降，南宋滅亡。大臣陸秀夫和文天祥等人先後擁立了宋恭帝的弟弟趙昰、趙昺為帝，組成南宋流亡政權，活動於東南沿海一帶，以圖光復大宋。後來，文天祥被俘，拒絕歸順，選擇殉國。元軍繼續追剿南宋流亡政權，一路追到了南海邊的崖山（今廣東江門新會南）。雙方進行了一場海戰，宋軍再次戰敗。陸秀夫望洋興嘆，老淚縱橫，絕望地背負著少帝趙昺跳海自盡。隨行的十餘萬軍民相繼跳海殉國，海面上浮屍一片。崖山一戰，是南宋志士最後的倔強。至此，元朝完成了國家統一。

值得一提的是，最終消滅南宋殘餘勢力的元軍是元朝的漢人部隊，其統帥是蒙古漢軍都元帥張弘範。陸秀夫跳海後，張弘範在陸秀夫負少帝跳海處刻石碑以紀念，石碑上書「鎮國大將軍張弘範滅宋於此」。其實，張弘範和陸秀夫都是在為朝廷盡力，只是二人所為的朝廷不同罷了。

35 元朝的政治

廣開疆域設行省　漢化遲滯無百年

蒙古人建立的元朝，是中國歷史上第一個由少數民族建立的大一統王朝。它具有兩大特徵，一是少數民族為政治主體，二是疆域空前遼闊。本節我們將瞭解元朝構建的國家制度，並分析元朝為何注定國運不長。

在中央，元朝有四大機構。核心機構是中書省，長官為中書令，總理全國政務。元朝以前，相權一直被歷代王朝分割與削弱，而元朝的相權卻加強了。難道元朝皇帝就不擔心相權過大嗎？他們還真不太擔心，因為，在元朝，君相之間不是簡單的君臣關係，更像是一種主奴關係。在草原政權中，臣下都相當於大汗的家奴，可以任大汗予奪與淩辱。元朝建立後，這種草原作風也沿襲到了朝中。宰相多由蒙古人擔任，被皇帝視作家奴。主子不怕家奴造反，只怕家奴不幹活。元朝的兵馬由樞密院掌管，長官由太子兼任。精兵「四怯薛」則由皇帝直接統領。元朝的監察機構是御史台，長官御史大夫負責監察百官，御史大夫的權力很大，因此「非國姓不以授」，只能由蒙古人擔任。元朝還設立了一個新的中央機構——宣政院，主管全國佛教事務，還管理吐蕃地區的軍政事務。

元朝的疆域空前遼闊，面積超過一千三百萬平方公里，以當時的交通條件而言，位於大都的中書省若要管理地方，有些鞭長莫及。於是，中書省派出分支機構常駐地方，名曰「行中書省」，我們可以理解為「行走到地方的中書省」。元朝時，全國各地共設置了十個行中書省[1]，簡稱行省。至此，省從中央機構演化為地方行政單位，行省制至今仍影響著中國的地方行政制度。行省之下設置了路、府、州、縣，長官稱「達魯花赤」[2]，主要由蒙古人擔任，也會任用出身較高貴的色目人。元朝還將許多新領土納入了版圖，具有代表性的是西藏和臺灣。西藏即吐蕃，此前一直未被統一的封建王朝所征服。唐朝時，吐蕃帝國一度傲視大唐。蒙古崛起後，統治者為了招降吐蕃，派出王子闊端和吐蕃的地方政教領袖薩班・貢噶堅贊在涼州（今甘肅武威）進行會晤。這次會晤意義重大，不僅商定了將吐蕃納入元朝版圖，還拉開了藏傳佛教傳入蒙古的序幕。元朝建立後，朝廷在吐蕃設立了宣慰使司都元帥府，掌管吐蕃軍民事務，直接聽命於中央的宣政院。臺灣早在三國時期就和大陸有了官方聯繫，但當時大陸上的政權並未設立行政機構來管轄臺灣。元朝時，朝廷設立澎湖巡檢司，管轄澎湖和琉球（今臺灣）的事務，臺灣首次被統一的封建王朝所管轄。

作為一個少數民族政權，元朝有兩大特殊問題沒能解決。第一個是民族問題。為了保證蒙古人的主體地位，元朝形成了四等人制。四等人的劃分依據是血統和歸順蒙古的先後順序。第一等人是占統治地位的蒙古人，他們能擔任各種高級官吏並享有各種特權；第二等人是來自西域或中國西北的少數民族，被稱為「色目人」，色目人擅長經商理財，蒙古人最開始委託他們放高利貸，後來又讓他們掌管國家財政，極盡斂財之能；第三等是原金朝境內的各族人民以及四川、雲南的居民，統稱為「漢人」；最末等的，主要是原南宋境內的漢族人，被稱為「南人」。四等人在政治、經濟、法律上有諸多不平等之處，造成了較大的民族衝突。元朝的第二大問題是漢化過程遲緩。儘管忽必烈在位時蒙古人就開始漢化，但由於蒙古人游牧的時間太久，加之學習能力太差，而且他們也不大願意去學，所以蒙古人的漢化水準一直不高。元朝皇帝的漢語水準有限，召見漢臣需要有翻譯人員在場。這點比起清朝皇帝差遠了，同樣出身於少數民族，清朝皇帝的漢文化修養甚至遠超部分漢臣。很長一段時間裡，元朝連科舉制都被廢止了。蒙古人重視喇嘛教（藏傳佛教的俗稱），大多數蒙古人對儒家文化並不感興趣，他們認為儒學會損壞人的真性。至於漢臣，元朝統治者雖然也會任用，但並不信任漢臣。如中書右丞相，終元一朝，只有一位漢人擔任過。蒙古人治國的核心任務只有兩個：一是防止反

1 山東西、河北之地直接歸中書省管轄，稱「腹裏」；除了吐蕃和畏兀兒以外的地區，元朝政府設置了十個行省。

2 蒙古語「鎮守者」「蓋印者」之意，轉而有「監臨官」「總轄官」之意。

叛，二是收取賦稅。這樣簡單而粗暴的統治不可能長久，文天祥當初就曾預言「虜運從來無百年」。其實，文天祥還是太樂觀了，元朝統一僅僅過去五十多年，便迎來了末世。一三三三年，元順帝即位，他成了元朝的末代皇帝。

元順帝最初也想勵精圖治，無奈已積重難返。親政之後，他就遭到了三連擊。第一擊是政治腐敗。為了整頓吏治，元順帝派出了二十四名官員巡視地方，巡視官有權就地處決五品以下的貪官污吏。可這些巡視官卻與地方貪官同流合污，民間流傳著「萬兩黃金奉使回」的說法，可見元朝的政治腐敗已無可救藥。第二擊是金融危機。元朝是中國古代唯一全面使用紙幣的王朝。紙幣本身只是貨幣符號，其價值全憑政權的信用擔保。而元朝政府長年濫發紙幣，金銀保證金又嚴重不足，導致紙幣瘋狂貶值。元順帝上臺後實行「變鈔」，新的紙幣貶值得更加嚴重，物價瘋漲。若用舊中統鈔來計算，米價每石上漲了六七萬倍。對元順帝最致命的打擊是黃河水患。元朝時水患頻繁，黃河沒多久就會決口一次，頻率遠超前朝。黃河水患的危害極大，不僅會危害民生，河道裡的淤泥還會堵塞大運河，嚴重阻礙漕運。另外，黃河泛濫直接威脅著兩淮鹽場，那可是賦稅的重要來源地。本來就缺錢，錢袋子這下還要泡洪水。元順帝急壞了，趕緊讓工部尚書賈魯去治理黃河。為此，元朝徵發了十幾萬民夫和兩萬士兵疏通河道。賈魯用了不到一年的時間就成功完成了任務，治理黃河本是利國利民之舉，但此時的元朝社會已經承受不起這樣的「偉大工程」了。

在沒有挖掘機的時代，治河全靠人們手挖肩挑。工程進度逼得緊，河工們只能在炎炎烈日下拚命地幹活。累得要死不說，監工還極盡壓迫。更可氣的是，連朝廷給的「食錢」都被官員貪污了大部分。流血流汗，還吃不飽飯，河工們的怒火在心中累積。這股怒火，最終引燃了元末農民大起義。

36 元朝的交通與對外關係

元朝全國通快遞 出征日本遇神風

元朝的國號取自於《周易》的「大哉乾元」。疆域大，是元朝最引以為豪的地方。

疆域大，就需要發達的交通系統，否則難以管控地方。為了加強疆域內的聯繫、便於政務處理，元朝建立了四通八達的站赤網絡。「站赤」是驛傳的蒙語音譯，驛傳是中國古代官方的郵政和交通系統的一部分，主要負責兩項任務：一是傳遞官府文書和物資，二是接待出差官員，類似於今天的快遞寄取站和政府接待賓館。元朝時，全國有一千五百多個站赤，站赤分為陸站和水站。陸站又分牛站、馬站、驢站，配有車轎；黑龍江下游一帶還設有狗站，那裡冬季天冷，可以讓狗拉雪橇。古人稱驛站稱「驛」，元朝時慣稱「站」，今天我們說的「車站」，正是受元朝的影響。日語還保留著驛的叫法，如東京站的日語可叫作「東京驛」。驛站所在地有站戶為出差的官員提供交通工具和食宿招待，此外，驛站還負責運送官方物資。若要傳遞公文，元朝使用急遞鋪。急遞鋪源於宋代的「急腳遞」，因速度快，最初只用於傳遞軍情。後來，又有了「金字牌急腳遞」，用於傳達皇帝的指令。金字牌是紅底金字的木牌，上書「御前文字，不得入鋪」，沿途人員看見皆要避讓與配合。岳飛抗金故事中的「十二道金牌」，指的就是金字牌急腳遞。元朝將急腳遞稱為急遞鋪，每十里或十五里或二十里設置一鋪，每鋪設鋪卒五人。鋪卒傳遞文書時，腰間掛一鈴鐺，或騎馬，或步行。當下一個急遞鋪聽見鈴聲傳來，立即會讓一名鋪卒準備接應，然後以接力的方式將公文傳至下一個急遞鋪。急遞鋪的速度非常快，一晝夜可傳遞四百里，急件可達五百里。

元朝時，全國的經濟重心已在南方，國家賦稅錢糧皆仰仗東南供給。為了將南方的物資北運至大都，元朝又開通了兩條水路運輸線路。隋朝開通的大運河以洛陽為中心，線路向洛陽走了一個折彎。而元大都在北方，漕運若繞彎洛陽則費時費力。於是，元朝開鑿了一些新的河段，將大運河截彎取直，運輸距離縮短了大約九百公里。我們今天說的「京杭運河」，實際上是指元代改道後的大運河。另外，元朝還大力發展海運，進行南糧北運。運輸海船從江南的劉家港（今江蘇太倉市東瀏河鎮）出發，前往大都附近的直沽[1]，順風時，海船航行十天左右便可到達。

元朝的外交手段特別強硬，幾乎打遍天下無敵手。元朝建立前，蒙古汗國就在四處征戰，最著名的是三次西征。第一次西征由成吉思汗親自指揮，滅了花剌子模，追擊部

1 在今天津市內獅子林橋西端舊三汊口一帶。

隊一直打到了今烏克蘭南部。滅亡金朝後，成吉思汗的孫子拔都指揮了第二次西征。第二次西征掃蕩了東歐平原，深入勃烈兒（今波蘭）、馬扎兒（今匈牙利）等地，還打敗了馬扎兒與捍迷思（今德意志）的聯軍，一直打到今維也納附近。若不是窩闊台汗逝世，拔都需要回國奔喪，西歐的中世紀說不定會被蒙古人終結。拔都後來在今伏爾加河下游建立欽察汗國，接受元朝冊封。欽察汗國境內，俄羅斯人的祖先羅斯人被蒙古人統治了近二百年。漢語稱羅斯為「俄羅斯」，也是受蒙古人影響的結果。蒙古語單詞不以「R」開頭，所以蒙古人在羅斯的蒙古語讀音「ROCCIA」前面加了個「O」音前綴，讀起來是「斡．羅斯」，轉譯成漢語就變成「俄羅斯」。蒙哥即位後，他的弟弟旭烈兀指揮了第三次西征。這次西征滅亡了阿拔斯王朝，並對阿拉伯帝國的首都巴格達進行了屠城。據史料記載，巴格達至少有八十萬居民慘死。旭烈兀進攻敘利亞時，蒙哥的死訊傳來，旭烈兀停止西征，回國奔喪。後來，旭烈兀在中東地區建立了伊兒汗國，也接受元朝冊封。除了欽察汗國和伊兒汗國外，蒙古人在中亞建立了察合台汗國，在西域建立了窩闊台汗國，四者並稱為蒙古四大汗國。忽必烈建立元朝後，遙遠的欽察汗國與伊兒汗國實際上已獨立發展，不再歸元朝管轄。

忽必烈也沒閒著，他要續寫征服者的傳奇。蒙古人對征服世界有著宗教信仰般的執念，只要目之所及，必須加以征服。忽必烈一面南下滅宋，一面眼觀八方，看看周邊還有哪裡沒被征服。他將目光投向了東方的朝鮮半島和日本。五代初年，朝鮮半島建立了王氏高麗政權，王氏高麗向中原政權稱臣。從成吉思汗時代開始，蒙古便多次對高麗發起戰爭。高麗雖頑強抵抗了，但終是擋不住蒙古的鐵騎。忽必烈上臺後，蒙古第七次入侵高麗，把高麗徹底打成了元朝的「駙馬國」——高麗國王必須迎娶蒙古公主為王后，還要把世子送到大都作為質子。高麗國王還身兼元朝征東行省[2]的丞相一職，相當於元朝皇帝的臣下。之後，忽必烈又派兵進攻日本，讓高麗出兵協助。一二七四年，元朝與高麗的聯軍共三萬多人登陸日本，靠著先進的武器和嚴密的作戰方式，把日本人打得潰不成軍。但海上突發暴風雨，聯軍的數艘戰船觸礁，人員傷亡嚴重，不得不敗退。聽到戰敗的消息，忽必烈相當震驚，但當時他正忙於對南宋最後一戰，沒工夫搭理日本，只是派出了使臣到日本勸降。可是日本人很囂張，竟把元朝使者斬殺了。一二八一年，忽必烈第二次派兵進攻日本，這一次派出了十四萬大軍，其中不僅有蒙古和高麗軍隊，還有十萬善於水戰的南宋新附軍。登陸後，正當大軍準備發動總攻擊的時候，海面忽然刮起颱風，聯軍的戰船被撞得支離破碎，許多士兵墜海淹死。就這樣，元朝二征高麗又失

---

2 征東行省又稱征日本行省，前期是元朝政府為進攻日本在朝鮮半島設立的特殊行省，後期是元朝為強化對高麗的統治而設置的行政區。

敗了。颱風兩次奇蹟般地拯救了日本，日本人稱之為「神風」。二次世界大戰時，日本的神風特攻隊就得名於此。

元朝的外交活動不僅有武力征服，還有和平交往。元朝時，不少來自中亞和西亞的人到中國定居，他們與元朝各民族長期雜居，逐漸融合出一個新的民族——「回回」，即後來的回族。許多歐洲人也在元朝時來中國經商、從政或定居，最著名的是義大利旅行家馬可．波羅（Marco Polo）。馬可．波羅在元朝生活了十七年，回國後將其見聞口述成《馬可．波羅行紀》一書。馬可．波羅在書中對元朝一頓猛吹，措辭誇張到被人懷疑他是否真的去過中國。馬可．波羅在描述元朝的財富的時候，經常用「百萬」做計數詞，因此有人戲稱他為「百萬先生」。這本書在某種程度刺激了歐洲人到東方尋求財富，從而開闢新航路。

37 宋元時期的文化

程朱理學存天理　世俗文化解人欲

縱觀兩宋的文化史，最大的成就當數理學。理學是儒學的一個發展階段。儒學在春秋時期由孔子創立，在戰國時期走向完善。漢朝時，經過董仲舒的改造，儒學成了皇權社會的思想統治工具。可是到魏晉時期，儒學不那麼吃香了。因為那時候社會動蕩混亂，儒家所倡導的禮教一點也不管用，倒是融合老莊思想與儒家經義的玄學主張放飛自我，得到了魏晉士人的青睞。南北朝時，佛教興盛，道教迅猛發展，這更擠壓了儒學的生存空間。隋唐時期，儒學也沒有完全復興，比如《隋書》裡有這樣一段評價：

> 佛，日也；道，月也，儒，五星也。

相比於佛、道兩教被看作日月，儒學僅僅被視作點綴的星星。唐朝中期，韓愈等人倡導古文運動，實際上是想復興儒學。與佛、道二教相比，儒學確實有先天不足，它最大的問題在於只關注人與人之間的社會關係，對宇宙和自然的探討很少，不及佛、道的教義那麼宏大。一個完整的哲學體系，至少要解釋三個層面的問題：人的問題、社會的問題、宇宙自然的問題。如何將儒學的短處補齊，將其改造為系統化的哲學思想體系，就是宋代理學家的時代任務。

理學的創始人是北宋的周敦頤、程顥、程頤等，由南宋的朱熹集大成[1]。理學的核心是「理」，即萬事萬物遵循的普遍法則。理先於宇宙而存在，主宰著萬事萬物，如太陽東升西落、四季輪迴變化，又如人的生老病死、愛恨情仇，這些皆因理而產生。理在人身上的體現就是性，既有與生俱來的代表善的天地之性，也有後天習染的代表惡的氣質之性。理學家將天地之性看作「天理」，將氣質之性看作「人欲」。主張消滅後天欲望，順應天理，實現天人合一，這就是「存天理，滅人欲」。那要如何感悟理呢？既然理存在於萬事萬物之中，那我們就可以通過觀察事物而感悟真理，比如看花開花落，比如體人間百態。理學稱這種觀察為「格物」，「格」就是觀察推究，理學將獲得真理稱為「致知」，合起來就是朱熹主張的「格物致知」。我們都熟知的「鐵杵磨成針」的故事，就體現了格物致知的思想——李白透過觀察老婆婆將鐵杵磨成針這件事，悟出了「凡事要下功夫」的真理。這個故事最早見於南宋祝穆的《方輿勝覽》，而理學宗師朱熹正是祝穆的表舅。「鐵杵磨成針」可能是祝穆杜撰出來的，他應該是想借李白來宣傳表舅朱熹的格物致知之思想。

理學將宇宙萬物和人類社會聯繫在一起，用「天理」解釋了何為世界的本源。為了解釋這一問題，理學不僅活用了儒學思想，還融合了一部分佛教與道教的理論。比如「滅人欲」，這很符合佛教的禁欲觀；比如宇宙觀中的「理」，這和道生萬物的「道」非常相似。實際上，理學將儒、道、佛三家的思想合為一體了，藉此將儒學系統化、哲學化、神聖化。更為關鍵的是，理學巧妙地將諸如君臣、父子、夫妻等倫理關系也解釋為天理，這也是理學受到專制皇權的青睞的關鍵所在。按照宋代理學的理念，服從君王已經不僅僅是道德問題了，更像是一種宗教信仰。南宋時，程朱理學被官方尊為正統思想，元、明、清三朝延續，影響極為深遠。

然而，再強大的意識形態也改變不了經濟基礎所決定的上層建築。雖然理學家極力鼓吹「存天理，滅人欲」，但隨著商品經濟的發展和市民階層的崛起，滿足「人欲」的世俗文化仍在宋元時期大放異彩。比如宋代流行的詞，相比唐詩，詞更適合配樂演唱，更受世人青睞。詩每句的字數相同，多為七言或五言。每句字數一致，儘管這樣也可以

1 宋代理學分為兩派。一派為主觀唯心主義理學，其代表人物陸九淵提出了「宇宙便是吾心」等主張；客觀唯心主義理學的首創者是程顥、程頤兄弟二人，集大成者為朱熹，他們的學說基本一致，認為「理」派生和主宰萬事萬物，該學派被稱為「程朱學派」或「程朱理學」。程朱理學是宋代理學的主要派別。

唱，但唱出來並不好聽，因為沒有節奏變化，聽起來就像念經。詞就不一樣了，詞的別名是「長短句」，因為每句長短不一，唱出來有節奏和起伏，更能讓人感受到韻律的美感。人們稱作詞為「填詞」，因為詞要先有固定的音樂曲調，再根據曲調填詞。所謂「詞牌」，代表的就是一首詞的曲調，規定了每句的字數和韻律。同一詞牌之下，可以填多首詞，詞的風格可以豪放，也可以婉約，玩法多樣。詞在宋代的風靡得益於宋代城市酒肆業的興盛，人們喝酒時喜歡聽人唱詞助興，就像今人會去酒吧聽人駐唱一樣。這種世俗文化也吸引了不少大文豪加入填詞隊伍，比如北宋的柳永，他常年出入於風月場所，與酒肆歌樓裡的歌伎打成一片。如果柳永為哪個歌伎填上一首詞，這個歌伎一唱就會暴紅，瞬間身價倍增。柳永晚年窮困潦倒，死後無錢出殯，最後還是歌伎們為他集資營葬的。人常言「戲子無情」，這句話放在宋朝並不如此。

到了元朝，比宋詞更為通俗的元曲出現了。元曲分為散曲和雜劇。散曲和詞很像，都是唱出來的長短句，但散曲對押韻和字數格式的要求比詞更為簡單靈活。另外，散曲的語言中融入了較多俗語，更符合民眾的口味。元朝人光聽散曲並不過癮，還要加入表演，這樣更便於欣賞。雜劇就是這樣一種戲曲形式，融配樂、歌舞、念白、動作於一體，極具藝術性。雜劇作家關漢卿的代表作《竇娥冤》，近代學者王國維評價道：

即列之於世界大悲劇中，亦無愧色也。[2]

除了賞詞、聽曲、看雜劇外，宋元的城市裡還流行聽人「說話」。說話人的說講底本稱話本，其中，白話短篇的稱「小說」，用淺近文言寫成的篇幅較長的稱「講史書」。話本的語言通俗而生動，市民喜聞樂見。元末明初，話本演變為通俗小說，四大名著中的《水滸傳》和《三國演義》就脫胎於說話人的話本。總之，無論是流行歌曲，還是小說與戲劇，我們今人喜歡的藝術形式，大多能在宋元時期找到根源。

史學大家陳寅恪先生曾說：

華夏民族之文化，歷數千載之演進，造極於趙宋之世。[3]

的確，無論是學術思想之發展，還是世俗文化之勃發，宋朝都是中華文明的巔峰時代。

2 出自王國維：《宋元戲曲史》。
3 出自陳寅恪：〈鄧廣銘宋史職官志考證序〉，《金明館叢稿二編》。

本篇講述的是明朝和清朝前期的歷史，時間跨度為四百餘年。

明清時期是中華「第二帝國時代」晚期，明、清兩朝的制度和政策有著明顯的延續性。明朝建立後，朱元璋進行了一系列的改革，皇權空前加強。為了消除相權的威脅，朱元璋徹底廢除了延續了千年的丞相制度，對朝政親力親為。後繼的統治者為了應付繁重的政務，設立了內閣，還重用宦官，形成了明朝特殊的閣臣與宦官共同輔政中樞系統。明朝在初期較為強盛，支持了費錢費力的下西洋活動，成就了世界航海史的創舉。明朝的邊患問題比較突出，前有蒙古和倭寇，後有滿洲，西方殖民者也明代到來。明朝滅亡後，滿洲入主中原。滿洲人創立的清朝全面繼承了明朝的制度，並加以全方位完善。在邊疆治理方面，清朝取得了空前的成就，

清廷對蒙古、新疆、西藏、臺灣等地區都建立了長期有效的行政管轄。但是對於外患問題，明、清兩朝都採取了被動的閉關自守政策，使中國逐漸落後於西方。

明清的君主專制制度已經落後於時代，統治者不得不依靠特殊手段來加強皇權。如明朝的廠衛特務統治和清朝時大興的文字獄。與此同時，許多進步思想也在明清之際湧現。

明清時期是中華文明的暮年時代，雖然在家中有隻手遮天的權力，但事實上已經衰老了。

明清篇

38 明朝的建立

天下反順帝北走　建明朝乞丐逆襲

明朝的國號很可能來源於一個民間宗教。這個民間宗教所策動的農民大起義，瓦解了元朝的統治。這個宗教，就是元、明、清三代流行於民間的白蓮教。

白蓮教源於佛教淨土宗，宋代時就已存在，其教義通俗易懂因而廣受底層民眾信仰。古代的農民起義常把宗教作為思想武器，起義往往帶著一定迷信色彩。因為許多宗教的教義對底層民眾比較有吸引力，另外，借助宗教較容易將民眾組織起來。比如東漢的黃巾起義，首領張角依託的是道教的分支——太平道。元朝時，白蓮教大盛。欒城人韓山童宣傳白蓮教教義，倡言「彌勒佛下生」，自稱明王出世，其信徒劉福通等還宣傳說韓山童是宋徽宗的八世孫，以此作為輿論，動員百姓反元復宋，「重開大宋之天」。古人搞起義，關鍵是得趕上好時機。元朝末年，政治腐敗，經濟崩潰，還趕上黃河發大水。元順帝為了治理黃河水患，命賈魯治理黃河，治河工地滿是河工的哀號。韓山童、劉福通等人眼看機會來了，就趁機搞了個神祕事件。他們弄來了一個獨眼石人，在石人背部刻上「莫道石人一隻眼，此物一出天下反」，然後將石人埋在河道裡。河工們挖河道時不經意間挖出了獨眼石人，看到上面的字，河工們深信這是上天要滅亡元朝的神諭，紛紛奔走相告。時機成熟了，韓山童與劉福通聚集三千白蓮教徒，準備發動起義。不料走漏了風聲，官兵來圍，韓山童被捕身死，劉福通轉而成為起義軍首領，率眾出走潁州（今安徽阜陽），並攻下了潁州城。因起義軍以頭戴紅頭巾作為標識，被稱為「紅巾軍」。與此同時，全國各地都爆發起義響應劉福通率領的紅巾軍。其中有一支紅巾軍在郭子興的率領下，攻占了濠州（今安徽鳳陽東北）。郭子興後來有了個名動天下的女婿——朱元璋。不過，郭子興攻下濠州時，朱元璋只是個無名小卒。

如果將中國歷代開國皇帝的出身進行排名，朱元璋可以去爭奪倒數第一。漢高祖劉邦是農村小混混出身，而朱元璋的出身甚至不如小混混。朱元璋出身之低微，從其祖上的名字就能看出端倪。朱元璋的父親名叫朱五四，爺爺叫朱初一，太爺爺叫朱四九，而朱元璋的本名叫朱重八（出生時父母年齡相加是八十八歲）。一家子祖孫幾代都和數字或日期槓上了，這都是因為家裡太窮了——在元朝，「庶民無職者，不許取名」，升斗小民只能以父母年齡相加的數字或自己的出生日期作為姓氏後面的代號。朱元璋小時候忙著給地主家放牛，十七歲時家鄉又遭災，父親、大哥、母親先後在一個月內餓死了。幸好本村一個叫劉繼祖的地主給了朱家一塊地，朱元璋才和二哥用破衣服將親人的屍體包裹，草草下葬，那場面十分淒慘。這個地主一時的善念，讓他在日後得到了巨大的回報。

朱元璋稱帝後，追封劉繼祖為義惠侯，恩及其子孫後代。埋葬完父母和大哥，二哥拋下他逃難去了，孤苦無依的朱元璋到附近的皇覺寺出家了。古代正規的出家人須持有國家頒發的度牒，度牒我們可理解為「僧尼資格證」。度牒要麼通過考試獲得，要麼得花錢買，朱元璋顯然都辦不到。所以，他只能在寺廟裡做打雜的「行童」，相當於僕從小和尚。可做了兩個月行童後，寺廟也快揭不開鍋了，朱元璋被打發出去雲遊化緣，換句話說就是去討飯。朱元璋在安徽、河南一帶討了三年飯，這段經歷對他而言十分重要。首先，在此期間，朱元璋體察了民間疾苦，懂得了人情世故，積累了人生經驗；其次，朱元璋熟悉了周邊的地理情況，利於他後來領兵割據；最後，他鍛煉了體魄，也磨煉出了堅毅的性格。雲遊歸來後，朱元璋收到了兒時同鄉湯和的來信，邀請他加入郭子興的紅巾軍。朱元璋赴邀前去，隨之開啟了成為帝王的逆襲之路。

朱元璋機智果敢，加入紅巾軍後，因驍勇善戰得到了郭子興的賞識，成了郭子興的貼身侍衛。郭子興認定朱元璋今後必能成大事，便將自己的養女馬姑娘嫁給了他。這位馬姑娘就是後來有名的「大腳馬皇后」，馬皇后拒絕裹腳，被稱為「馬大腳」，是極具自主意識的一代賢后。郭子興病逝後，朱元璋統領了郭的舊部，成了紅巾軍的一位重要領袖。從一個僕從小和尚逆襲為起義軍領袖，朱元璋實現了人生的華麗轉身。但朱元璋並未滿足，他還有更高的目標——當皇帝。朱元璋廣納賢才，如劉基、李善長、徐達，這三人被朱元璋比作自己的張良、蕭何與韓信。此外還有朱升，他為朱元璋制定了奪取江山的總方略「高築牆，廣積糧，緩稱王」，核心思想就是悶聲發大財。朱元璋很聽勸，在其他起義軍領袖紛紛稱帝稱王的時候，他卻依照朱升的策略在積蓄力量。實力強大後，朱元璋先後擊敗了南方的各股割據勢力。一三六八年，朱元璋在應天府（今江蘇南京）稱帝，建立明朝，年號洪武。朱元璋用「大明」做國號，很可能是受到了白蓮教「明王出世」說的影響；也有說法認為是取自「日月重明大宋天」，即明朝光復了大宋江山。

朱元璋稱帝前夕，元朝還未滅亡，為了徹底推翻元朝的統治、順利地登上帝位，一三六七年，朱元璋命大將徐達率二十五萬大軍進行北伐，還提出了「驅逐胡虜，恢復中華」的口號。這個口號巧妙地利用了漢人的民族情緒，鼓動性極強。五百多年後，孫中山也借用了這一口號，提出了「驅除韃虜，恢復中華，建立民國，平均地權」的政治綱領，最後以孫中山為代表的資產階級革命政黨成功推翻了清王朝的統治。徐達一路北上，勢如破竹，不到一年就打到了通州，直逼大都城下。元順帝見大勢已去，明智地拒絕了臣下的死守勸諫，帶著老婆、孩子出健德門北逃。實際上，徐達可能是故意放走元順帝的，因為朱元璋並不想俘虜元順帝，畢竟他自己也曾是元朝的臣民，逮住了元順帝可不好辦——大家都是皇帝，沒必要趕盡殺絕。元順帝知難而退，也算是順應天命，因此得到了「順帝」的尊號。

興亡只在轉瞬間，自元世祖定國號起，不到一百年的光景，蒙古人又回到草原上放牧去了。他們逃回家的敗退之路，正是當年祖先征服世界的出征之路。從哪裡來，回哪裡去，權勢只是過眼雲煙，故鄉才是內心的永居之地。回到草原後，元順帝和繼任者繼續保留著「元朝」的名號，史稱「北元」。

39 內閣制

廢丞相皇帝累死　組內閣太監幫忙

也許是因為從乞丐逆襲成皇帝的過程太不容易了，所以朱元璋倍加珍視手中的權力。當了皇帝後，朱元璋對於權力有近乎偏執的掌控欲。他不信任手下的大臣，特別是百官之長的丞相。

談論歷史的時候，我們經常把丞相和宰相兩個詞混用。二者雖然可以混用，但還是有一定區別的。丞相是一種具體的官職名稱，而宰相是一種泛稱，泛指最高行政長官。也就是說，丞相一定是宰相，但宰相不一定都叫丞相。比如北宋前期，宰相的官職名為「同中書門下平章事」，並沒有丞相一職。換句話說，宰相是「政府一把手」的通稱，而丞相是像左、右丞相這樣的具體官職。

宰相制度起源於先秦時期。周朝實行分封制，天子分封諸侯「建國」，諸侯再往下分封卿大夫「立家」。這個「家」可不是我們今天說的家庭，而是封邑。由於卿大夫的家業很大，需要有專門的家臣負責管理，家臣之首稱「家宰」，相當於豪門大管家。在甲骨文中，宰字的形象就很像在家中幹活的奴隸。春秋戰國之際，社會劇烈動蕩，許多卿大夫掌一國之權，他們的家臣也就轉變為國家官僚。以前卿大夫之家的大管家現在成了國家的大管家，家宰晉級成「宰相」。到了秦朝，統治者正式創立了丞相制度，丞相成了的宰相的正式官名。秦漢時期，丞相的權力很大，是百官之長，一人之下，萬人之上。丞相可以坐而論道——坐著同皇帝商議政事。政府官員也由丞相任命，另外，當時連皇帝的詔令也要在丞相簽署後才能發布。一般性的行政事務，丞相可以自行決斷，無須向皇帝請示。打個比方，秦漢時期，皇帝就像公司的董事長，而丞相則是這個公司的總經理，負責日常工作。

丞相的權力如此之大，勢必對皇權造成威脅。因此，君權與相權之爭幾乎貫串了整個封建時代。唐宋時期，皇帝用「群相」的辦法來削弱相權。說白了，就是多設幾個宰相，防止一人的權力過大。唐朝實行三省六部制，三省的長官都是宰相，相權被一分為三，三省長官「鬥地主」，互相牽制。到了宋朝，皇帝又設立了參知政事做副相，副相的地位和宰相幾乎平等，分割了宰相的行政權。另外，宋朝還讓三司使去分割宰相的財政權。在宋朝，宰相連坐而論道的權利也沒了，只能乖乖地站著，聽命於皇帝。在削弱相權的歷史中，元朝算是異類。因為蒙古皇帝仍帶有草原作風，草原政權中，不論君臣，只論家奴。宰相被視作家奴，皇帝就比較信任宰相，所以元朝的宰相被賦予了很大的權力。元朝的國事多由宰相處理，皇帝更愛享受生活。明承元制，最初以左、右丞相為中書省長官，但朱元璋打心眼裡厭惡丞相的存在，認為其權力會威脅皇權。為了一勞永逸地解決這個問題，洪武十三年（一三八〇），朱元璋藉口丞相胡惟庸謀反，將其誅殺，並趁機廢除了丞相制。朱元璋還為此立下祖訓，規定子孫今後不准設丞相，若有臣子膽敢提議設丞相，殺無赦。之前歷朝歷代皇帝只是削弱相權，朱元璋很乾脆，直接消滅了丞相制度，雖然手段簡單粗暴，但行之有效。

丞相被廢，丞相所轄的中書省也一並廢除，中書省下轄的六部改為直接對皇帝負責。相當於炒掉了總經理，董事長要親自主持公司大大小小的工作了。這可累壞了朱元璋，有時候，他一天就要批閱二百多份奏章，閱讀量趕上讀一本長篇小說了。不光要讀，還要批示呢。對一個五十多歲的老人來說，這個工作量有點要命了。沒辦法，朱元璋只好安排祕書來幫忙。為了防止祕書獨攬大權，朱元璋搞了個春、夏、秋、冬四輔官制度，每隔一段時間換一個祕書，讓他們輪流坐莊。這個制度實行了一年左右就以失敗告終，因為輪流坐莊使工作失去了連續性，四輔官遇事不知前因後果，辦事有頭無尾。最後，明太祖朱元璋還是自己扛下幾乎所有的工作，儼然一個老年工作狂，一直幹到七十一歲駕崩為止。

明太祖之後的皇帝就沒有這麼勤奮了，他們還是得找祕書幫忙。明成祖即位後，他選用博學多才的翰林院官員兼任某殿或某閣的大學士，組成了祕書團隊。因為他們常在皇宮內的文淵閣值班，文淵閣地處內庭，因此被稱為內閣。內閣閣臣參與機密事務，其意見對皇帝的影響較大。這就好比皇帝給自己請了一個「家教團」，有不會做的作業就詢問「家教」。

明成祖以後的皇帝更加懶了，他們直接讓「家教」給參考答案。百官的奏章送上來後，內閣閣臣先審閱，草擬處理意見並寫在一張小票（紙條）上，然後貼附於奏章上呈給皇帝，這個過程叫作「票擬」。皇帝根據票擬意見用紅筆在奏章上批閱，這個過程叫「批紅」，相當於抄答案。再後來，皇帝連答案都懶得抄了，直接找人幫忙抄。找誰抄呢？反正不能讓內閣閣臣自己抄，否則就沒人能牽制他們了。那就找皇帝最信任的人來抄吧，明朝皇帝最信任什麼人呢？當然是宦官。明朝時高級別的宦官稱太監，從明宣宗時期開始，由太監負責批紅。司禮監秉筆太監負責批紅，然後交給司禮監掌印太監審核，相當於檢查作業。司禮監掌印太監審核無誤後蓋上大印，最後發回內閣執行。掌印太監有最終的決定權，是權力最大的太監。為了提高宦官的文化水準，明朝皇帝還在宮中開辦了「宦官專科學校」，稱為內書堂。不要小看這個內書堂，裡頭的教師可都是翰林院高官，培養出的可都是治國理政型的高級宦官。

在明朝中央，內閣和太監分工明確，形成了一套特殊的中央決策機制。內閣中，首席大學士也被稱為首輔。內閣首輔雖無宰相之名，却是事實上的宰相。明朝最著名的內閣首輔是萬曆朝的張居正，他輔政時，與當時的司禮監掌印太監馮保相互配合，使衰落的大明王朝一度出現了復興局面。由此可見，國家若想治理得好，不一定要指望皇帝勤政，「家教」找得好，也可以。

40 明朝的制度

廢行省三司互制 設廠衛特務橫行

在封建時代加強中央集權的歷史浪潮中，元朝的官僚制度像是一波退潮。唐宋時期被弱化的相權，在元朝又被加強了；宋朝時被分散的地方權力，在元朝又被集中了。這種退潮的出現，根源在於元政權的少數民族屬性。蒙古人入主中原，對漢人並不信任，所以把權力集中地交給蒙古人。蒙古官僚被元朝皇帝視為家奴，把權力交給他們比較放心。明朝建立後，朱元璋要重新將權力攥在皇帝一人手中，在廢除丞相制度後，他又對軍事制度和地方行政制度開刀了。

廢除丞相制的同年，朱元璋還廢除了中央的大都督府。元朝時，大都督府隸屬於樞密院，是國家的最高軍事機關，掌管全國軍隊，既有統兵之權，又有調兵之權。雙權在手，這就很危險。朱元璋把大都督府改為五軍都督府，即中、左、右、前、後五軍都督府。五府統領著全國軍隊，相當於把全國劃分為五大戰區，分散了軍權。另外，五軍都督府只管軍籍和軍政，沒有調兵權。調兵權歸兵部，而兵部直接聽命於皇帝。打仗時，兵部奉旨調兵，按照皇帝的旨意任命統兵將領，發給印信。打完仗後，將領要交還印信，士兵則散歸原來的衛所。所謂衛所，是明朝常備軍的軍事編制，分為衛、所兩級。一個衛約有五千六百人，下轄五個千戶所，每千戶所一千一百二十人，下轄十個百戶所。明初衛所遍布全國，總兵員在一百八十萬人左右。衛所裡的軍士來自附近的軍戶，軍士平時進行農業生產，為衛所生產軍糧，寓兵於農。世襲軍士單獨編戶籍，稱軍戶，一般不能除籍。軍戶由衛所管理，地方官府管不著。有的地方未設置正式的行政區劃，在這類區域的衛所則作為一級行政單位，稱為「實土衛所」，可管轄區內軍民。衛所制在明朝地方上的影響較大，後來的天津衛、威海衛等地名都直接來自明朝的衛所名。

元朝時，地方設立行省，行省長官獨攬一省的軍政財權。蒙古人這樣搞不怕地方割據嗎？還真不怕，因為行省的長官都由蒙古人出任，他們以少數民族身分主政漢人占絕對多數的行省，漢人不會和他們一條心，所以他們都忠於蒙古皇帝。明朝政府若也這樣，很容易造成地方割據。所以，朱元璋廢除了行省，在地方設立了三司，即承宣布政使司、提刑按察使司、都指揮使司。承宣布政使司掌管民政和財政，相當於省政府；提刑按察使司掌管司法和監察，相當於一省的司法檢察機關；都指揮使司掌管軍政，也管理地方的衛所，軍政聽令於兵部。三司互不統屬，彼此形成制衡關係，地方就很難割據了。

朱元璋還建立了嚴密的特務組織來監視百官。特務統治自古就有，如三國時期的「校事」、隋唐的「察事」等。但將特務組織化、專業化並委以重用的，唯有明朝統治者。

明朝禁軍中的錦衣衛，乃皇帝親兵「上十二衛」之一。錦衣衛身穿飛魚服，本是皇帝出行時充門面的儀仗部隊，朱元璋特派錦衣衛負責特務的工作。錦衣衛可繞過司法機關，對任何人開展祕密偵查、逮捕、審問，乃至處刑。錦衣衛手段狠毒，行事無人監督，令百官和宗室聞其名而喪膽。錦衣衛的偵查手段相當厲害。某日早朝後，朱元璋問大臣宋濂昨晚幹了什麼，宋濂回答說在家宴請朋友。朱元璋接著問道：都有誰啊？吃的啥菜啊？都聊些啥了？宋濂納悶，皇上今天怎麼這麼囉嗦呢，但他也不敢隱瞞，一一如實回答。朱元璋聽後點頭表示滿意，隨即從袖中掏出了昨晚宋濂所設家宴的座位圖，笑道：「愛卿果然是誠實君子，沒有欺騙朕！」宋濂被嚇得一身冷汗。還有一例，老儒生錢宰在洪武年間被徵召去修撰《尚書》，有一日他有些疲憊，隨口賦了一首吐槽詩：

四鼓咚咚起著衣，午門朝見尚嫌遲。
何時遂得田園樂，睡到人間飯熟時。[1]

第二天早朝時，朱元璋問錢宰：「你昨天吟的詩還不錯，可是朕何時曾嫌你上班遲了？」錢宰被嚇了個半死。在錦衣衛無孔不入的監視下，百官沒有隱私可言，人人自危，壓力巨大。永樂年間，明成祖在錦衣衛之外又成立了由親信太監領導的特務組織東廠，後世又設西廠。廠衛特務統治的出現，說明常規手段已經無法滿足皇帝的專制需求了，皇帝需要用恐怖統治來駕馭百官。這也恰恰說明了君主專制制度在明朝時已經在走下坡路了，朝廷只能靠變態手段才能維持皇權獨尊。

搞完制度後，朱元璋又開始搞人了。最讓朱元璋寢食難安的是功臣群體，尤其當朱元璋到了晚年時，他的猜忌心更重，總覺得這些功臣都像白眼狼。朱元璋認為，只有死去的功臣才是好功臣。在這種極端思想的影響下，朱元璋對功臣集團進行了血腥的政治清洗。藉胡惟庸謀反案，朱元璋先後屠戮了三萬多人。最倒楣的是開國功臣李善長，在胡惟庸被誅殺的十年後，有人舊事重提，說李善長當年知情不舉，實乃大逆不道。此時的李善長已經七十七歲了，為明朝效力了一生，但依舊沒有得到朱元璋的垂憐，全家七十多口被屠戮。諷刺的是，李善長還持有朱元璋御賜的免死鐵券！在絕對的皇權專制下，根本就沒有契約精神可言。李善長被殺的三年後，又出了個大將藍玉謀反案，朱元璋藉機又屠戮了一萬五千人。後來，還有空印案和郭恆案，這兩案的處置雖是為了敲山震虎，減少貪腐，卻有數萬人喪命。

中國歷史上存在著這樣一個有趣的現象：精英階層人士開創的王朝，開國君主一般

---

1 出自《水東日記》卷四，〈錢子予〉。

對功臣都比較寬仁；社會底層人士建立的王朝，一般都會對功臣大開殺戒。前者如宋太祖趙匡胤，即使他對功勛武將存在猜忌，最後也只是以杯酒釋兵權的方式讓他們安全下莊，保全了他們的性命與榮華富貴；後者以漢、明開國之君為代表，漢高祖和明太祖都對功臣舉起屠刀，能殺則殺。論其原因，他們的所作所為既因為鞏固皇權的政治需要，更因為底層人士逆襲成皇帝後的心理錯位。出身於底層的自卑導致敏感與猜忌，從而產生攻擊性，以致沒有仁慈憐憫之心，所以，農民皇帝往往刻薄寡恩、迷信暴力。歷史證明：跟農民皇帝打江山，共患難易，共享樂難。

41 靖難之役

清君側叔叔篡位 遷北京天子守邊

農民出身的朱元璋，不僅有著極端的權力掌控欲，還有滿腦子的「家天下」思維。已經在中國消失了一千多年的分封制，又被朱元璋重新搞了起來。在老朱的意識裡，還是家裡人比較可靠。

朱元璋身體素質很好，生育能力極強，他一共生了二十六個兒子，可以組成兩支足球隊，還帶替補隊員的那種。為了加強對地方的控制，朱元璋把兒子分封到各地去做藩王，讓他們為老朱家鎮守地方。所謂「打虎還得親兄弟，上陣須教父子兵」，這就是「家天下」的邏輯。有鑒於歷史上的諸侯割據問題，朱元璋對藩王「分封而不錫土，列爵而不臨民」，就是不分封土地，也不讓藩王管理地方事務。那麼藩王靠啥鎮守地方呢？靠護衛軍。朱元璋允許藩王擁有護衛軍，少者幾千，多者上萬，以軍事力量鎮守地方。諸藩王中，朱元璋最滿意的是老四朱棣。朱元璋看他有股子狠勁，很像當年的自己，便封朱棣為燕王，讓他駐守北平（今北京），和另外幾個塞北藩王一起防禦北元勢力，是為「塞王守邊」。朱棣常年和蒙古人交手，屢立戰功。此外，朱元璋還給了朱棣「節制沿邊士馬」的大權。

儘管朱棣的能力很強，但朱元璋並不能立他為太子。因為在傳統的宗法制下，太子只能是嫡長子。朱元璋是個很注重傳統的人，登基後就冊立了嫡長子朱標為太子。其實朱元璋也很喜歡朱標，朱元璋對朱標寄予厚望，給予了他精心的培養。朱標也不負眾望，從小就熟讀儒家經典，為人仁慈寬厚。朱標對弟弟們還非常友愛，弟弟每每有過錯，他都從中調和求情，很有大哥的樣子，具有很高的威信。如果朱標能順利繼位，明朝或許會迎來一個歲月靜好的文治時代。可朱標的運氣實在是不佳，三十八歲就病死了，走在了老爹的前頭。白髮人送黑髮人，這讓朱元璋悲痛欲絕。更讓老朱痛苦的是，諸藩王見太子之位空缺，都感覺自己的機會來了，摩拳擦掌地等著老朱冊立新的儲君。最後，老朱做了一個讓兒子們大失所望的決定——封朱標的嫡長子朱允炆為皇太孫，立為儲君。

朱允炆的性格與父親朱標很像，有著仁慈寬厚的文人氣質。可能是朱元璋自知殺人太多了，不想繼承者再用血腥手段治國，所以為明朝選了個仁慈之君。朱元璋晚年時又擔負起了教育皇太孫的責任，就像今天帶娃娃的爺爺那樣。老朱這一輩子雖貴為人極，但活得也是挺累的。洪武三十一年（一三九八），年逾七十的朱元璋駕崩，結束了傳奇而又辛勞的一生。朱元璋死後的廟號為「太祖」，白手起家而得天下，太祖之號實至名歸。皇太孫朱允炆即位後，改年號為建文，朱允炆即明惠帝，通常被稱為建文帝。從建文帝的年號可以看出，明朝統治者厭倦了血雨腥風，呼喚文治時代。但歷史沒給建文帝這個機會，他雖然繼承了父親的仁慈，卻缺乏父親的威信，更沒有爺爺的心機和手段。即位後，叔叔們都虎視眈眈，建文帝感受到了叔叔們的威脅，決心削藩。即位後的一年裡，多位藩王被建文帝羅織罪名貶為庶人，湘王還自焚以抗爭。對於實力最強的燕王朱棣，建文帝沒有立即削藩，而是削其兵力，同時派兵對北平加以防範。

朱棣並沒有坐以待斃，當即起兵反叛。朱元璋晚年曾在家法《皇明祖訓》裡留下話稱：如果今後有奸臣當道，藩王可以領兵進京討奸。朱棣就以此為藉口，聲稱朝中力主削藩的齊泰和黃子澄是奸臣，他倆想挑撥老朱家叔侄間的骨肉親情，所以朱棣他要起兵「清君側」。朱棣打出了「靖難」的旗號，意思是幫皇帝平定亂局，歷史上稱這場叛亂為「靖難之役」。北平附近駐守的明軍都聽燕王的，叛軍很快擴充到十萬人。建文帝雖然握有五六十萬中央軍，卻苦於無良將可用，因為明朝的開國名將早就被爺爺朱元璋藉著政治清洗殺得不剩幾個了。相比之下，朱棣身經百戰，他常年和凶悍的蒙古人過招，打起建文帝的軍隊來，可謂手拿把掐。經過四年的戰爭，朱棣攻下京師，反叛成功。在中國封建時代的歷史中，靖難之役是地方反叛僅有的一次成功案例，雖有一定的偶然性，卻也證明了朱棣的超高武力值。

進入京師後，朱棣全城搜尋大侄子朱允炆，可惜沒找到。下落不明的建文帝多半是在宮中自焚而死的，也有說法稱建文帝當雲遊僧去了。民間傳說中，朱元璋臨終前曾給大孫子留下了一個錦盒。京師被攻陷後，建文帝打開了錦盒，發現裡面放著袈裟和度牒，還有一把剃刀。原來，朱元璋料到孫子可能坐不穩皇位，所以給他留了退路——實在不行就出家吧，爺爺當年也是這麼過來的。傳說中，建文帝最終出家隱退，隱姓埋名，四處遊歷。占領南京後，朱棣登基，之後，朱棣對建文舊臣進行了血腥清洗。名臣方孝孺因拒絕為朱棣起草登基詔書，方孝孺的九族親屬連同門生共八百七十三人被屠殺，史稱「滅十族」。在血腥暴力這點上，朱棣和朱元璋還真是一脈相承。為了不讓自己的反叛模式再被成功複製，朱棣即位後繼續削藩。朱棣畢竟是叔叔，他的削藩手段比朱允炆高明多了。朱棣先是對藩王大加賞賜，但要求藩王必須交出兵權，勢力較大的北方塞王，還被朱棣遷往南方。藩王的護衛軍不斷減少，有的僅剩幾十個人。這點兵力，不要說反叛，就連來一場市井群毆都沒有十足的勝算。

解決完建文舊臣和藩王的問題後，朱棣還是夜不能寐。他覺得皇宮裡滿是不散的陰魂，有父親的，有大哥朱標的，說不定還有大侄子朱允炆的。京師城裡的陰氣太重了，朱棣想回到自己的大本營北平，現在名為北京（一四〇三年北平建為北京），那裡才是他的心安之地。另外，北方塞王都被他遷往南方，北方邊境空虛了，他回到北京還可以「天子守邊」。還有，將北京作為首都，還可以平衡南北，經濟重心早已完全南移，如果政治中心也放在南方，很容易讓北方「離家出走」，造成國家分裂。出於多方面的考慮，朱棣於一四二一年遷都北京。

朱棣篡位上臺，在道義上並不光彩。但論治國能力，朱棣不負祖宗。他在位的永樂朝是大明王朝存在的近三百年中最有臉面的時期。

42 鄭和下西洋

揚國威鄭和出海 為炫富七下西洋

沿著父親開創的道路，朱棣將明朝國力推向了巔峰。大明王朝立國二七七年，長臉的事多是朱棣在永樂年間幹的。其中最為今人所津津樂道的，是鄭和下西洋。

西洋是以中國為中心的地理概念，只要是中國西邊的海域，都是西洋。近代的「西洋」，多是指大西洋沿岸地區，而明朝人眼中的「西洋」是指印度洋周圍，具體而言，就是今南海以西（約自東經一一〇度以西）的印度洋的海域及沿岸地區。下西洋的指揮官是鄭和，他是一個受永樂皇帝賞識的宦官。鄭和本來不姓鄭，而是姓馬。根據相關學者的考證，鄭和的祖上來自西亞，其先祖名叫賽典赤・贍思丁（Sayyid- Ajjal Shams al-Din Omar）。成吉思汗西征時，贍思丁歸附了蒙古並跟從蒙古人征伐，後來遷居到中國。元朝時，這些來自西域的移民被稱為色目人。在元朝的四等人制中，色目人屬第二等，僅次於蒙古人，屬於特權階層。贍思丁做過雲南行省的行政長官，在任期間深受民眾愛戴。後來，贍思丁家族改漢姓為馬，鄭和就是他的後代。鄭和在家排行老三，小名三保。馬三保的童年生活很快樂，他還受過良好的教育。大概在馬三保十一歲的時候，家中發生了重大變故。這一年是洪武十四年（一三八一），明軍攻入雲南。作為特權階層的後代，馬三保被明軍俘虜，之後被閹割，又被發遣去做宦官。在古代，不僅皇宮中會使用宦官，王府裡也會用。馬三保被送到了北平的燕王府，成了朱棣的宦官。這次的工作調動給馬三保的人生帶來了重大轉折。

馬三保在燕王府時很會辦事，得到了朱棣的賞識。在靖難之役中，馬三保隨軍南下，立下了不小的戰功，被朱棣賜姓鄭，從此便有了「鄭和」這一名字。也因此，鄭和升級為內官監太監。朱棣見鄭和有治軍之才，決定派他去做一件機密的大事——率領船隊出訪西洋各國，這便有了鄭和下西洋。

朱棣為什麼要讓鄭和下西洋呢？根據《明史》的記載，首要目的是為了尋找失踪的建文帝，他可能躲在西洋的某地。這倒也有一定可能，但它不是鄭和下西洋的核心目的。因為鄭和下西洋的活動前後持續了近二十年，朱棣早已坐穩皇帝寶座，沒必要如此執著地尋找建文帝。而且鄭和下西洋最遠都到非洲了，那裡幾乎都是黑人，建文帝不可能躲在那裡，因為膚色太扎眼了。所以，尋找建文帝只能說是鄭和下西洋的附加任務。鄭和下西洋的主要任務是宣揚明朝國威。朱棣是篡位上臺的，很想用政績來證明自己登基的合理性。就像當年的宋太宗，他多半是藉「斧聲燭影」得位的，所以為了證明自己，他焦急地想收回幽薊十六州。同理為了證明自己的偉大，朱棣要建立以明朝為中心的國際關係體系，即朝貢體系。在這一國際關係體系中，明朝是天朝上國，能冊封其他國家，其他國家要對明朝進行朝貢。那如何能才讓其他國家來朝貢呢？首先得證明自己的實力。所以，朱棣要派船隊出訪西洋各國，要「耀兵異域，示中國富強」[1]。說白了，就是去外國炫富，給明朝長長臉，然後讓番邦小國都來朝貢。除了上述兩個目的之外，鄭和下西洋還要為朱棣尋找一些具有異域風情的珍奇異寶，滿足皇帝的個人愛好。

一四〇五年至一四三三年，鄭和先後七次率船隊下西洋。船隊有二百多艘船，有用於作戰的戰船、裝淡水的水船、裝糧食的糧船，還有負責補給的馬船等；其中體積最大的是寶船。《明史》記載，大的寶船長四十四丈，約一百四十公尺，寬十八丈，約六十公尺，占地面積比一個足球場還要大一圈。也有學者質疑這個記載有誇大的嫌疑，因為考慮到木質材料和當時的造船技術，不大可能造出這麼大的航海木帆船。但毋庸置疑，鄭和船隊的規模是空前的。鄭和首次下西洋有二萬七千多人隨行，其中有使臣、官兵、航海技術員、財務人員、翻譯、醫生、廚師、工匠等。這麼多船，這麼多人，這麼複雜的分工，能順利航行到千萬里外且安全返回，可見明朝的航海技術與鄭和的指揮能力都是世界一流的。船隊先是沿著宋元時已有的航線航行，這些航線靠近陸地，可隨時靠岸進行補給，也便於訪問沿岸各國。每到一國，鄭和都會向當地人宣讀詔敕，舉行隆重的冊封典禮，確定該地與明朝建立朝貢關係。接下來就是朝貢貿易，明朝奉行厚往薄來的原則，給得多，收得少，賠本賺吆喝，以此體現天朝的富有和開放。鄭和像散財童子一樣奔波於西洋各國，最遠到達過非洲東海岸，即今天索馬利亞的摩加迪休一帶。所到之處，鄭和船隊都受到熱烈歡迎，來了就給錢，誰能不喜歡呢？有的國家還派使者跟隨船隊回訪明朝，增進了明朝同西洋各國的友好往來。

在西洋各國，鄭和及隨行人員看到了許多神奇稀罕之物。他們見到了傳說中的神獸「麒麟」，實際上是長頸鹿。榜葛剌[2]和麻林[3]還將這種代表祥瑞的神獸進貢給了明朝，永樂帝龍顏大悅，命人作畫以紀念。鄭和的船員還在西洋吃到了許多奇異的熱帶水果，比如有船員記載：

有一等臭果，番名「賭爾烏」，……若爛牛肉之臭，內有栗子大酥白肉十四五塊，甚甜美可食。[4]

---

1 出自《明史》卷三百四，〈列傳第一百九十二．宦官一．鄭和〉。
2 即鵬茄羅國，在今孟加拉國和印度西孟加拉邦一帶，位於恆河下游，十五世紀前期與中國互有交往。
3 在今非洲東岸肯亞的馬林迪一帶，曾在永樂十三年（一四一五）遣使來華。
4 出自《瀛涯勝覽校注》〈蘇門荅剌國〉。

這就是今天的水果之王榴槤，可惜船隊並沒有將它帶回中國，因為它的味道太重了，實在沒辦法進獻給皇帝。

鄭和下西洋是人類航海史上空前的壯舉。但這個不計成本的壯舉耗費的資金太多了，它雖為大明王朝賺足了面子，卻未能給國民帶來多少實際利益。隨著永樂皇帝和鄭和相繼離世，下西洋活動宣告終止。相傳，後世有一明朝官員怕有皇帝效仿永樂帝，還把鄭和的出使水程等資料藏匿或銷毀。就在鄭和下西洋結束後過了大概半個世紀，歐洲人憑藉幾艘小帆船開啟了大航海時代。同樣是航海，歐洲人更注重實際利益，他們發現了美洲大陸，開闢了環球航線，開啟了全球化的國際貿易，還打開了人類近代史的大門。

43 明朝與蒙古

韃靼瓦剌動干戈　邊境互市化玉帛

根據《明史》的記載，明朝極盛時期的疆域：

東起朝鮮，西據吐蕃，南包安南，北距大磧。

東北部包含了今俄羅斯遠東地區和朝鮮的一部分，南部囊括了今越南一帶，超過了今日中國的版圖範圍。但是，明朝未能對這麼大的疆域實現長期而有效的控制，實際上，明朝對很多邊疆領土的管理是有心無力的。多數時間內，明朝控制得住的疆域只有「兩京十三布政使司」，也就是長城以南的地區。終明朝二百多年的歷史，邊患問題始終是明朝的痛點。對明朝來說困擾時間最長、威脅最大的邊患，是北方的蒙古。

蒙古人被朱元璋趕回草原後，元室汗廷依舊自稱「大元」，史稱北元。直到明成祖時期，蒙古人才放棄了「大元」的國號，又恢復了蒙古帝國的稱謂。這時的蒙古分裂成了三大部——韃靼、瓦剌、兀良哈。韃靼部是蒙古的本部，其首領是成吉思汗黃金家族的後裔，仍自稱蒙古帝國大汗。韃靼部的西邊是瓦剌，又稱衛拉特。瓦剌部最初並非蒙古部落，只因族人生活在蒙古地區，又很早地歸附了成吉思汗，所以也歸入了蒙古，屬於「非主流」蒙古部落。兀良哈部的人生活在東北地區，明初就歸降明朝了。朱棣發動靖難之役時，反叛軍隊裡就有兀良哈騎兵的身影。明朝在兀良哈部所在地設置了朵顏[1]等三個衛，任用蒙古當地人擔任長官，實行鬆散的羈縻統治。所以，兀良哈部和明朝的關係還算不錯。相比之下，韃靼部和瓦剌部就比較麻煩了。它們不僅彼此間互相爭鬥，而且一方得勢後，還會進攻明朝，如同二狼爭一兔。

朱元璋和朱棣多次對蒙古用兵，朱棣曾五次親征蒙古，最後一次出征時，他死在了回師途上。老朱父子的出征取得了一些勝利，但並未從根本上消除蒙古的威脅。實際上，農耕民族很難徹底征服游牧民族，這是文明類型的不同決定的。當年漢武帝傾舉國之力與匈奴作戰，也沒能徹底消除匈奴的威脅，後來漢朝還是再次對匈奴採取了和親政策。朱棣之後的明朝統治者對蒙古的政策轉攻為守，明廷在蒙古邊境大規模修築防禦城牆，也就是明長城，明朝時稱之為「邊牆」。明長城東起鴨綠江邊的丹東虎山，西至甘肅嘉峪關，相當於明朝的北方邊界。洪武年間，曾在長城以北設立過三個衛，但被後來的明朝統治者放棄了。後世的學者研究發現，長城和四百公釐等降水量線的一段大致重合。這並非巧合，因為年降水量低於四百公釐，便難進行農耕活動，所以，長城也就成了古代農耕區與游牧區的地理分界線。

利用長城這一軍事工程，明軍也會使用一些主動出擊的手段，常見的是「燒荒」和「搗巢」兩大招。所謂燒荒，是每年秋後，明軍派出被稱為「夜不收」的特別行動部隊，北出長城到草原上放火燒草，要往北燒二百里左右。把草燒沒了，蒙古騎兵的戰馬在這一帶就沒有草吃了，相當於畫出了一個安全區。所謂「搗巢」，就是偷襲。趁蒙古男子外出放牧之時，明軍快速地偷襲他們老巢，趕走他們的牲畜。儘管明軍有各種奇妙手段齊上陣，但依舊沒能阻擋蒙古人南侵。

明英宗時期，瓦剌部崛起，其首領也先率軍於一四四九年南下攻打明朝，很快就攻破了長城防線。在宦官王振的挾持下，明英宗率軍五十萬人親征。可明英宗並沒有明太祖和明成祖那兩下子，他行軍沒多久，就在土木堡（在今河北懷來東）被瓦剌軍俘虜了，史稱「土木之變」。瓦剌人本想以皇帝要挾明朝，可明朝的大臣十分剛烈——社稷為重，君為輕，皇帝被俘虜了，我們就換個皇帝！之後，明英宗的弟弟即位，是為明代宗，年號為景泰。在兵部侍郎于謙的指揮下，明軍發起了北京保衛戰。也先見明軍如此頑強地

1 元中葉以後，部分兀良哈人居於朵顏山地區，明以其地置朵顏衛，朵顏衛及其毗連的兩衛合稱「兀良哈三衛」。

抵抗，知道打下去也無利可圖了，最後撤軍北返。因為北京保衛戰中的出色指揮，于謙被稱讚道有「再造大明」之功。

大概一百年後，蒙古韃靼部又活躍起來了。韃靼部首領俺答汗率領蒙古鐵騎南下攻打明朝，也很快便攻破了長城防線。一五五〇年，韃靼大軍兵臨北京城下，史稱「庚戌之變」。當時的明朝皇帝是明世宗嘉靖帝，主政的是權臣嚴嵩。嚴嵩害怕戰敗，稱蒙古人只是來劫掠的，他們搶夠了自然就會撤兵。嚴嵩下令明軍堅守北京城不出，任由蒙古騎兵在北京城周邊劫掠。韃靼軍隊劫掠數日後，滿載而歸地返回了草原。

庚戌之變後，明朝人轉變了思路，既然蒙古人劫財不劫命，那就用和平的方式餵飽他們。實際上，游牧民族南下劫掠的根本原因在於生產力低下，草原上生產的物資無法滿足他們的生活需求，除了讓他們搶，還有什麼好辦法呢？有辦法，那就是邊境互市，通過貿易交換產品。庚戌之變後，明朝與蒙古開始局部互市。一五七一年，明穆宗隆慶帝和俺答汗訂立了和議。首先，明朝冊封俺答汗為順義王，雙方講和；其次，允許蒙古每年朝貢貿易一次。這個朝貢貿易，就是明朝厚往薄來的賠本賺吆喝。隆慶年間與蒙古的朝貢貿易和北宋的歲幣外交本質上是一回事，只是前者看上去更有面子。朝貢貿易之外，雙方還在長城邊塞設立了馬市，允許雙方民眾自由貿易。隆慶和議後，明朝與蒙古的貿易實現常態化，蒙古人通過朝貢和互市獲得了想要的物資，劫掠也就漸漸停止了。

至隆慶和議之後直到明亡以前，北方邊境基本相安無事。

隆慶和議後，長城成了漢、蒙兩族交往的紐帶，漢、蒙兩族化干戈為玉帛。此後，一批又一批的內地人出長城殺虎口關隘來到蒙古，他們抑或經營邊貿，抑或開墾農田，史稱「走西口」。清朝與民國時期，走西口的風潮更加興盛，這促進了民族交融，對統一多民族國家的發展有著積極意義。

44 明朝的海疆問題

南倭北虜兩大患 西方勢力也到來

明朝大部分時間裡遭受著來自兩個方向的威脅。一個是北方陸疆的蒙古，明朝人稱之為胡虜；另一個是南方海疆的日本海盜，明朝稱之為倭寇，合起來就是「南倭北虜」。上一節，我們介紹了北虜的問題，本節我們再來聊一聊倭寇。明朝的倭患問題比較複雜，可分為前後兩個時期來展開敘述。

前期的倭患始於元朝末年，一直持續到明朝永樂年間。明初時的日本處於南北朝的大混亂時代，日本各地被封建領主割據。日本封建領主稱作「大名」，大名彼此間攻伐亂戰，今天你死，明天我亡。這可苦了大名手下的武士，如果他們效忠的大名被推翻，武士就會失去生計。因為武士不從事生產，全靠為大名作戰謀生。武士就不能種地、幹活嗎？那是不可能的，他們寧可叼著牙籤裝作吃飽了，也不會透過勞動來糊口，因為勞動被認為有損武士尊嚴，而武士將尊嚴看得比命還重要。武士失去了主子，往往靠搶劫為生。但日本國土面積狹小，到處都是武士，大家搶來搶去也沒啥意思。於是，武士們將目光投向了海的那邊——地大物博的中國。面對這片廣闊天地，武士們想要「大有作為」。元末明初，日本武士夥同一部分浪人、商人組成了海盜集團，大肆劫掠中國沿海地區和朝鮮半島南部，前期的倭患問題出現。

為了防禦倭寇，明初在東南沿海地區設置了許多衛所，僅浙江一地就有十一衛、三十所。除了軍事防禦外，明朝還實行了嚴格的海禁政策。朱元璋多次下令，禁止民眾出海捕魚或進行貿易，還將沿海居民內遷，對倭寇實行堅壁清野的作戰策略。永樂年間，明朝國力強盛，軍事禦倭的效果較明顯，明軍曾一次性在遼東殲滅倭寇上千人。實際上，明朝建立後，日本統治者也在積極改善與明朝關係。永樂初年，日本使者尊明成祖朱棣為皇帝，這相當於承認了朱棣篡位的合法性，深得朱棣歡心。另外，日本統治者也在一定程度上約束了倭寇劫掠。朱棣龍顏大悅，給予日本朝貢貿易的權利。明初實行海禁後，只允許外國與明朝在固定的時間和地點進行特許貿易。外國船隊每隔數年定期來華，獻上本國進貢的特產後，可獲得明朝的國賜。國賜遠多於進貢，厚往薄來，以體現天朝排場。明朝與日本的官方貿易又稱勘合貿易，日本船隊來華時，要帶著明朝事先頒發的勘合文書，相當於特許證。通過勘合貿易，日本能獲得中國的物產，也在一定程度減少了倭寇劫掠。得益於朱棣軍事手段和貿易手段雙管齊下，明初倭患問題得到了緩解，明日關係趨於穩定。

到了明朝中後期的嘉靖年間，倭寇再次猖獗，是為後期倭患問題。這次倭患的標誌性事件，是發生在寧波的爭貢之役。嘉靖二年（一五二三），兩個日本大名的船隊同時來明朝進行朝貢貿易，先後到達寧波。後到的船隊賄賂了市舶司的主管太監，得以插隊搶先和明朝進行貿易。另一支日本商隊的人員對此不滿，便發動暴亂，他們搗毀了寧波市舶司的嘉賓堂，搶劫了當地的倉庫，最後奪船而走。這次劫掠，讓倭寇發現了明朝沿海防備的空虛，給倭寇壯了膽。明朝政府認為暴亂源於貿易本身，徹底禁絕了對日貿易，嚴行海禁。本來勘合貿易就無法滿足日本對中國物產的需求，現在又完全禁絕了，這更刺激了倭寇的劫掠欲望。以爭貢之役為起點，明朝後期倭患大爆發。

與明初的倭寇不同，明中後期的倭寇加入了大量中國人。明朝人形容當時的情況是：

> 今雖曰倭，然中國之人居三之二。[1]

這些人多是明朝沿海地區的商人或手工業者，他們長期從海外貿易中獲利，現在明朝嚴行海禁，使他們的利益嚴重受損。於是，這些人組成了武裝走私集團，加入了倭寇陣營。他們亦商亦盜，以日本為據點，用著倭寇的服飾與旗號，時人稱「假倭」。嘉靖朝的「淨海王」王直，就是一個出身於徽商的假倭。相比於真倭，假倭更瞭解中國的內部情況，假倭的存在使得倭患更加猖獗。為此，明朝派戚繼光、俞大猷在東南沿海進行武力抗倭，取得了巨大成效。嘉靖朝之後的隆慶朝，朝廷又取消了海禁政策，開放民間海外貿易，史稱隆慶開關。與此同時，日本國內的織田信長穩住了日本局勢。各種因素影響下，明朝的倭寇問題在隆慶以後逐漸平息。

織田信長死後，其家臣豐臣秀吉繼承了霸業。豐臣秀吉的野心很大，他不僅想統一日本，還想征服朝鮮，甚至想入侵中國。為了實現夢想，一五九二年，豐臣秀吉出兵約莫十五萬入侵朝鮮，不到一個月便占領了朝鮮都城漢城，隨後又攻下了平壤。朝鮮是明朝的藩屬國，國王立刻向明朝求援。當時明朝統治者是明神宗萬曆皇帝，他立即出兵援助朝鮮，萬曆援朝抗倭戰爭由此開始。戰爭打打停停，先後打了七年。最終，豐臣秀吉死後，日軍戰敗並撤軍，明朝取得了勝利。雖然獲勝了，但這場戰爭幾乎耗盡了明朝的國力，可謂慘勝。戰後不到半個世紀，明朝便亡了。

明朝時，歐洲人開闢了新航路，其間，一批又一批的歐洲殖民者來到中國。最先到來的是葡萄牙人。正德年間，葡萄牙殖民者在今廣東寶安縣一帶登陸，之後被屢次驅逐，但並未離去。嘉靖三十二年（一五五三），葡萄牙殖民者向澳門當地的明朝官員謊稱商

1 出自何丙仲校注：《林次崖先生集（下）》卷十二，〈雜著〉。

船遇風暴漏水，請求上岸晾曬貨物。不承想，這一晾曬就曬了四百多年。此後，葡萄牙殖民者通過賄賂明朝官員取得了澳門的居住權，但他們每年要給中國政府五百兩銀子的租金。此後，澳門成了葡萄牙殖民者在東亞的據點。到晚清時期，葡萄牙殖民者透過不平等條約割占了澳門。

明朝的海疆問題如此棘手，既有反侵略的原因，也有貿易政策的原因。這種複合型的外交問題，又因為捲入了西方殖民國家，變得更加複雜。海疆問題成了此後數百年間中國政府面臨的最大挑戰，也成了近代中國歷史發展的主要線索之一。

45 從仁宗到武宗

痴情者成化弘治　搶民女武宗上街

明朝立國二百七十七年，共傳了十六帝。明朝十六個皇帝中，值得稱讚的沒幾個，碌碌無為的倒不少，還有幾個皇帝，堪稱中國歷代帝王之奇葩。接下來，我們就介紹一下明朝第四到第十的七位皇帝。

明成祖之後，是明仁宗。明仁宗朱高熾是朱棣的長子，他做了二十年的太子，一直兢兢業業。可惜，他登基後不到一年就駕崩了。之後，明仁宗的長子朱瞻基繼位，是為明宣宗，在位十年。明仁宗、明宣宗兩位皇帝的執政風格較為溫和，在他們執政期間，朝內君臣關係融洽，內閣主導的文官政治形成，明朝經濟也持續發展，百姓實現了安居樂業，史稱「仁宣之治」。從明朝建立到明宣宗駕崩的近七十年時間屬明朝的前期，也是明朝最太平的一段歲月。明宣宗死後，他的兒子朱祁鎮繼位，是為明英宗。從明英宗正式即位開始，明朝進入了中後期，這二百多年，明朝的國勢如同海浪一般，起起落落。

明英宗朱祁鎮是個理想遠大的皇帝。面對蒙古瓦剌部來襲，他在宦官挾持下效仿太爺爺明成祖，率軍親征。仗還沒打，明英宗就被蒙古軍隊俘虜了。蒙古人以明英宗做人質，想勒索明朝一番。可是明朝官員根本沒給蒙古人機會，很快就擁立了明英宗的弟弟朱祁鈺登基，是為明代宗景泰帝。蒙古人惱羞成怒，攻打北京，被于謙等主戰派大臣擊退。蒙古人在明英宗朱祁鎮身上撈不到好處了，第二年就把他放回來了。估計是想讓朱祁鎮回來攪局，看看明朝有倆皇帝會咋樣。皇位這東西，誰坐上去了都不想下來。何況景泰帝剛坐了一年，屁股還沒坐熱呢！被景泰帝尊為太上皇的朱祁鎮回來後，景泰帝將他軟禁在皇宮中的南宮。為了嚴防死守，景泰帝將南宮大門上鎖灌鉛，派錦衣衛嚴加看管。被迫「退休」的明英宗才二十歲出頭，心裡也很苦悶，時刻渴望著「再就業」。沒想到，機會還真來了！景泰帝僅有一子，八歲就夭折了。景泰八年（一四五七），景泰帝病重，大臣對儲位之事憂心忡忡。見此機會，明英宗的支持者發動了政變，將明英宗迎入東華門，讓他復位為帝，史稱「奪門之變」。復位後，明英宗將景泰帝軟禁了起來。沒過幾天，景泰帝便死去了。明英宗廢其帝號，賜其惡謚「戾」。當年擊退蒙古騎兵、有「再造大明」之功的于謙，還有其他支持景泰帝的大臣，都以謀逆的罪名被處死了，很是冤枉。在封建時代，一個臣子對國家的功勞只是其次，關鍵的是政治站隊。明英宗又做了七八年皇帝，三十八歲時駕崩。明英宗的一生，兩次登基，大起大落。他最為後人稱讚的政績，是廢除了明朝的宮妃殉葬制度。也許，這是大起大落的人生經歷給他帶來的人情味吧！

明英宗之後是明憲宗，年號成化。明憲宗是一位心胸寬廣的皇帝，他不僅為于謙冤案平反，還為叔叔景泰帝恢復了帝號，做事相當公允。明憲宗是個比較隨性的人，憑個人喜好用官，還倚重宦官。若要深入瞭解明憲宗的性格，可以看一看他存世的一幅畫作，名為《一團和氣圖》。乍一看，畫的好像是一個胖成球且笑眯眯的人；若仔細觀看，會發現其實畫的是三個人抱成一團，十分詼諧可愛。這幅畫作也是明憲宗執政風格和個人品性的體現——做事隨性，追求和諧。值得一提的是，明憲宗還是個用情專一的男人。明憲宗一生最愛的女人是一個比他大十幾歲的宮女，該宮女本是他的乳母，名為萬貞兒。明憲宗即位後，封萬貞兒為萬貴妃。也不知道萬貴妃有什麼過人之處，把明憲宗的心拴得死死的。不論後宮中有多少年輕貌美的佳麗，明憲宗始終將她捧在手心。明憲宗下令讓景德鎮官窯為萬貴妃燒製了大量精巧的瓷器，最負盛名的是「成化鬥彩雞缸杯」。二〇一四年，該鬥彩雞缸杯拍賣出了二．八億港元的天價。萬貴妃死後，明憲宗也不想活了，數月後鬱鬱而終，終年四十一歲。

明憲宗之後是明孝宗，是明朝中後期難得的賢君。後世對明孝宗的評價，甚至高過了明太祖和明成祖。明末的史官評價明孝宗說：

三代以下稱賢主者，漢文帝、宋仁宗與我明之孝宗皇帝。[1]

的確，明孝宗為人寬厚仁慈，不像明太祖、明太宗那樣刻薄 殺，他還勤於政務，親賢遠佞。明孝宗還發揚了老爹用情專一的優良傳統，是一夫一妻制的忠實倡導者。他的後宮只有皇后一人，沒有任何嬪妃。可惜好皇帝不長壽，明孝宗三十六歲就英年早逝了，在位僅十八年。他的年號是弘治，後世稱明孝宗的統治時期的治世為「弘治中興」。

明孝宗駕崩後，明武宗繼位，這可是明朝最奇葩的皇帝，可收入「不正常人類研究中心」。即位後不久，明武宗就重用劉瑾等宦官，讓劉瑾活生生地貪腐成了「世界首富」。明武宗驕奢淫逸，尤其愛好寵物和女色。明武宗喜歡寵物，卻不喜歡貓、狗等常見的，而是像今天的中東富豪一樣，專好虎、豹、鷹等鷙禽猛獸。為此他還建了一個豹房，作為玩樂場所。明武宗喜好女色，卻極度喜新厭舊。他冷落后妃，卻讓宮女扮成招攬客人的妓館女子供自己玩樂。宮女玩夠了，他又迷上了異域女子。高麗女子、色目女子等，他通通納入後宮，後宮儼然亞洲小姐選美賽場。後來，他又覺得民間女子最值得褻玩，就帶人到街上去搶民女，多的時候能搶幾十車民女。皇帝愛上街搶民女，民女之家就上街搶光棍，光棍搶回來立馬成婚，以防女兒被皇帝盯上。明武宗也喜歡玩男人，他在豹房裡養了很多變童，可謂男女通吃。明武宗最大的政績是擊退了蒙古人的入侵，他也因此獲得了「武宗」的廟號。三十歲那年，明武宗南巡，途中風景甚好，明武宗玩心大發，非要在湖裡划船。划船時，見魚躍江中，明武宗頓起漁夫之興，非要撒網捕魚，結果捕魚時一不小心掉入水中。明武宗不會游泳，就在水中亂撲騰，雖然被侍從救起來了，但他嗆了很多水。秋日水涼，再加上受到驚嚇，明武宗回京後就病了，幾個月後一命嗚嗚。明武宗愛玩，玩出了歷代皇帝的新高度，最後也把自己也給玩死了。

1 出自《國榷》卷四十五，〈乙丑弘治十八年〉。

46 嘉靖與萬曆

爺爺修仙四十載　孫子躺平三十年

明武宗玩了一輩子，御女無數，卻未曾生下一男半女，死後成了絕戶皇帝。那誰來繼承皇位呢？內閣首輔楊廷和與明武宗之母慈壽皇太后根據血緣關係遠近，決定讓興獻王之子朱厚熜來繼位。興獻王是明孝宗的弟弟，朱厚熜就是明武宗的堂弟。朱厚熜即位後，改年號為嘉靖，是為明世宗。從嘉靖開始，明朝的衰頹之勢難以挽救。

嘉靖皇帝剛一即位，就遇到了一個大難題——應該管誰叫爸爸？嘉靖帝是替代堂哥明武宗當皇帝的，這相當於嘉靖帝繼承了明孝宗的宗嗣，在宗法關係上，嘉靖帝應該管明孝宗叫爸爸，只能管生父叫皇叔。這皇帝當到把自己的親爹當沒了，嘉靖帝很憋屈。他要求大臣們重新「議禮」，也就是討論禮法，嘉靖帝想管生父叫爸爸，還想給生父追封一個皇帝名號。嘉靖帝的提議被無情地駁回了，以內閣首輔楊廷和為首的一眾大臣堅決反對。他們代表的是官僚士大夫集團，很想把這個外來的新皇帝壓制住，以實現士大夫與天子共天下。圍繞著「管誰叫爸爸？」的問題，嘉靖帝和大臣槓上了，史稱「大禮議之爭」。後來，雙方暫時妥協，嘉靖帝尊明孝宗為「皇考」[1]，就是已逝的皇父的意思。

尊生父興獻王為「本生皇考」，也就是已逝的生物學父親的意思。表面上看，大禮議之爭乃是皇帝的家庭身分之爭，看上去好像只是皇帝的家事。然而，在君主獨尊的封建時代，皇帝的家事從來不只是家事，更是國事，直接影響到社稷安危和社會價值走向。大禮議之爭的實質是國家法統秩序和皇帝個人利益之爭，是文臣集體決策權和皇帝個人獨裁權之爭，是朝政的最終決定權到底歸誰所有之爭。嘉靖三年（一五二四），大禮議之爭再起。這時的嘉靖帝已經坐穩江山了，幾個議禮派大臣為了迎合皇帝，主張重新議禮。在議禮派的支持下，嘉靖皇帝打算下詔，稱呼生父為「皇考」，改稱明孝宗為「皇伯考」。對此，護禮派大臣堅決反對，楊廷和之子楊慎對眾臣慷慨陳詞道：

國家養士百五十年，仗節死義，正在今日。[2]

為了捍衛禮法與傳統，二百多位朝臣聚在皇宮內的左順門跪哭，捶胸伏地，哭聲震天。嘉靖帝大怒，派錦衣衛前去擒拿。五天後，嘉靖又對一百八十多名大臣處以杖刑，

1 古人通常稱已去世的父親為「考」。宋代以前，一般尊稱亡父為「皇考」；元代以後，「皇考」用為皇帝亡父的專稱。

2 出自《明通鑒》卷五十一，〈紀五十一．嘉靖三年〉。

杖斃十七人。大禮議之爭，最後以嘉靖皇帝的完勝告終。

大禮議之爭對明朝影響很大。首先，在皇帝的威權之下，護禮派大臣的屁股被打爛了，士人精神喪失殆盡，後世的大臣抑或諂媚，抑或緘默，少有正直之士。其次，大禮儀之爭還導致了大臣結黨互攻，使得明朝中後期朝內黨爭不斷。奪得勝利的嘉靖帝使皇權得到加強，後來，嘉靖帝也做了一些革除時弊的改革，但他很快就迷上了道教，整天在後宮修仙煉道，朝政荒廢。嘉靖帝在位四十五年，前半生為死去的父親爭名分，後半生迷信鬼神、沉迷於修仙，史家說他「終身事鬼而不事人」，評價得頗為精闢。嘉靖帝駕崩後，明穆宗繼位，年號隆慶。隆慶皇帝在位的時間只有五六年，在歷史上的存在感比較低。之後繼位的是隆慶帝十歲的兒子，即明神宗，年號萬曆，這又是一個超長待機的皇帝。

萬曆皇帝在位四十八年，職業生涯開高走低。他的開局很不錯，即位之初，外有輔臣張居正，內有太監馮保，上面還有生母李太后。在三人的傾力輔佐下，明朝的頹勢有所改善。特別是張居正，他推行了一系列的改革，其中，「一條鞭法」的作用最為突出。「一條鞭法」將農民的田賦、徭役以及雜稅合併，統一折算成銀兩，然後按田畝徵收。這既簡化了稅制，又能防止地方官巧立名目，還增加了朝廷的財政收入。透過張居正的改革，國庫收入增加，軍隊戰鬥力增強，明朝一度出現中興跡象。可惜好景不長，張居正死後，萬曆皇帝親政，胡鬧模式開始。萬曆皇帝曾創造三十多年不上朝的紀錄，起因是和大臣慪氣。

萬曆九年（一五八一）的一天，萬曆皇帝去慈寧宮給李太后請安。其間，宮女王氏端來水要給萬曆帝洗手。萬曆帝一看這宮女的模樣不錯，一時興起，便把她給臨幸了。也是真巧了，就這麼一次，王氏就懷孕了。李太后得知消息以後大喜，因為萬曆還沒有生育子女，王氏要是生了個男孩，自己就能抱孫子了。可萬曆皇帝却不承認這事是他幹的。太后尋思道：這怎麼可能？不是你幹的，還能是太監幹的？古代沒有ＤＮＡ檢測技術，這種事如果放在一般人身上，真就死無對證了，可皇帝却不行，因為有起居注。古代的皇帝無論幹什麼，身邊都會跟著起居注官，皇帝的一言一行都會被記錄在冊。李太后叫人拿來了萬曆皇帝的起居注，上面清楚記載著萬曆九年某月某日，皇帝在太后宮中臨幸了宮女王氏。鐵證如山，萬曆皇帝最後只好承認。

萬曆皇帝之所以想抵賴，一是在太后宮裡如此孟浪，說出去有點丟人；二是宮女的地位太低賤。要知道，如果王氏生了兒子，就是皇長子，今後很可能會被立為太子，萬曆皇帝並不想這樣。真是怕啥來啥，這宮女還真就生了個兒子，取名朱常洛。四年後，萬曆皇帝寵愛的鄭貴妃又生了皇子朱常洵。萬曆皇帝想立朱常洵為太子，遭到了群臣的反對，為了捍衛祖制、爭「國本」，明朝的大臣又一次和皇帝槓上了。群臣一次次上疏請求立朱常洛為太子，萬曆帝一次次裝傻、搪塞。見自己拗不過大臣，萬曆皇帝乾脆撂挑子了，既不上朝，也不批閱奏章，徹底躺平。這一躺，就是三十多年。萬曆帝怠政，造成很多官職常年空缺，政府僅靠慣性運轉，幾近癱瘓。一些死刑犯由於長期得不到皇帝的勾決，最後竟病死或老死在獄中。國本之爭最後以萬曆帝的妥協而告終，朱常洛被立為太子。萬曆帝駕崩後，朱常洛繼位，是為明光宗泰昌帝。可泰昌帝也是命苦，長期被父親看低，好不容易繼位了，在位時間僅一個月就駕崩了。

嘉靖帝和萬曆帝，兩個超長待機的皇帝，享受了近一百年的快活日子。爺孫倆都不幹正事，一個專心修道，一個執意躺平，明朝的國運在他倆手裡徹底敗壞。《明史》評論道：

謂明之亡，實亡於神宗。

47 李自成起義

木匠皇帝用閹黨　闖王來了不納糧

明朝的奇葩皇帝很多，很多人都可以收入「不正常皇帝研究中心」。正德胡鬧，嘉靖修仙，萬曆躺平。到了明朝末期，又出了位奇葩的木匠皇帝，他就是明熹宗朱由校，年號天啟。天啟帝是泰昌帝的兒子，萬曆帝的孫子。他繼承了爺爺的「光榮傳統」，對朝政毫無興趣，但天啟帝對木匠活兒和機械裝置卻有著極高的興趣，天啟帝在這方面頗有天賦，他整天研究桌椅板凳、建築構造、器械機關，做出來的東西精巧絕倫。天啟帝生錯了年代，如果他生活在現代，肯定是個技術型人才。但生為明朝皇帝，天啟帝卻讓明朝徹底病入膏肓。

天啟帝在位時，太監魏忠賢被重用。早在朱由校做太子的時候，魏忠賢就侍奉過他。魏忠賢還和天啟帝的乳母客氏關係密切，因此被天啟帝視為家裡人。魏忠賢是成年後才自宮當宦官的，他比較有社會閱歷，也富有心機。天啟帝很信任魏忠賢，命他做司禮監秉筆太監，負責幫自己處理朝政。魏忠賢很會替皇帝辦事，也很有手段，他專挑天啟帝做木匠活兒最開心的時候去彙報工作。天啟忙著玩，沒工夫細聽，常常會說：「知道了，你看著辦吧！」就這樣，魏忠賢獨攬大權，自稱「九千歲」。有些諂媚的大臣也會向魏忠賢示好，朝政被閹黨左右。

天啟帝重用魏忠賢，也是為了牽制東林黨。東林黨是萬曆朝形成的一個政治集團，其成員以江南地區的士大夫為主，因集團領袖經常聚在無錫東林書院講學，故得名。東林黨是一群正直的士大夫組成的政治集團，東林黨人以兼善天下為己任，力求捍衛社會的公平正義。他們不畏皇權，敢於批評時政、評論官員，經常和專制獨裁的昏聵皇帝對著幹。明朝後期的皇帝多怠政，朝廷對百姓的壓榨也很嚴重，因此，東林黨批評朝政的聲音獲得了民間有識之士的廣泛支持。東林黨有點近代民主政治中的反對黨的味道，他們的存在讓皇帝很難受。當年為爭國本，東林黨人激烈抗爭，萬曆皇帝最後不得不妥協，放棄了立朱常洵為太子。爭國本的勝利讓東林黨人士氣大漲，更加鬥志昂揚。天啟帝即位後，他重用魏忠賢為首的閹黨，這讓東林黨人又來鬥勁了，他們跟閹黨死磕，明朝的黨爭進入了白熱化階段。然而，東林黨人行事過於理想主義，既拿不出行之有效的救世方案，也缺乏魏忠賢那樣的心機和手段。最後，東林黨被魏忠賢全方位打擊，很多人慘遭殺害。東林黨與閹黨的黨爭拖累了朝政，明朝的氣數被消耗殆盡。

皇帝怠政，宦官當權，黨爭內耗，朝廷危機重重。地方上也不消停，老朱家的宗室群體就像一群寄生蟲，瘋狂地啃食著明朝社會。明朝建立之初，朱元璋在「家天下」思維影響下，為子孫後代制定了極其優越的特權制度。按照祖制，老朱家的子孫後代永享國家供養。朱元璋的「養朱計畫」放在明朝初年倒也沒什麼，畢竟那時的宗室人口不多，滿打滿算也只有五十多個人，到永樂朝，也才一百二十七人。可隨著時間的推移，加上老朱家祖傳的超強生育能力，明朝的宗室人口膨脹，萬曆年間，宗室人口已暴增到十五萬七千餘人，到了明朝末年，宗室人口可能超過了二十萬人。為此國家要支付龐大的宗室開支，耗費的錢財高於軍費和官員俸祿，嚴重蠶食國家財政。明朝後期，又趕上萬曆援朝抗倭戰爭和對東北用兵，明朝的財政徹底虧空。不少學者認為，明朝的滅亡，內因正是財政危機。

農業國家越是缺錢，就越可能向農民加稅。空前的財政危機最後都轉嫁到了農民身上。屋漏偏逢連夜雨，此時的明朝又趕上了一個小冰河時期，氣溫下降，降雨減少，天災連年不斷。天啟年間，陝西一帶連年遭災，老百姓真的活不下去了。於是，明末農民大起義在這一帶爆發了。眾多起義隊伍中，後來影響力最大的是李自成的起義部隊。

李自成是陝西米脂人。李自成的出身和朱元璋頗有幾分相似，他早年也當過和尚，也給地主放過羊。二十一歲那年，李自成在銀川驛站當了一名驛卒，驛卒雖然不是國家官員，但好歹是個飯碗。李自成在明朝積弊最嚴重的時期當差，生活十分窮困。那時，地主官員經常剋扣經費、勒占馬夫，使得驛站不堪重負，驛卒又苦累又貧窮，騎死了馬還要賠不少錢。李自成為了維持生活欠了地主一屁股債，還因無法如期還債挨過打。人生總有那麼幾年會事事不順，明末，朝廷為了節省開支裁撤了許多驛站，李自成被迫裁員，不久後，他加入陝北的農民起義軍中。在民間傳說中，李自成的經歷則更具傳奇色彩。相傳，李自成失業後還不了債，殺了債主，他又發現老婆與鄰居私通，一怒之下殺了老婆，隨後就參軍當兵去了。可是在軍隊裡，李自成又被上級剋扣軍餉，這一系列的事情讓他徹底爆發了——這世道不讓窮人活，那他李自成就不讓這世道活。最後，李自成率部起義，加入了舅父高迎祥的起義軍。

李自成作戰勇猛，人稱「闖王」。農民出身的李自成，很明白農民最需要什麼。他提出「均田免賦」的口號，受到廣大人民的歡迎。當時的歌謠有云：「殺牛羊，備酒漿，開了城門迎闖王，闖王來時不納糧。」「吃他娘，著她娘，吃著不盡有闖王。」眾多窮苦農民紛紛加入了起義軍，隊伍不斷壯大。為了養軍，李自成軍隊專搶有錢人。搶地主、搶官員、搶明朝宗室。李自成尤其痛恨明朝宗室，每占領一地，他都會對當地的明朝宗室大開殺戒。李自成攻占洛陽時，俘虜了福王朱常洵，他就是萬曆皇帝想立為太子的那個兒子。朱常洵雖然沒能當皇帝，但他老爹沒虧待他，賞賜了他二萬頃良田。相傳，朱常洵整日花天酒地，活生生吃成了三百多斤的大胖子。根據《明季北略》的記載，李自成俘虜了朱常洵後，將他和鹿肉一起烹煮，做成了大鍋燉，擺酒宴請起義軍將士，美其名曰「福祿酒」。

李自成轉戰全國多年，明軍一直追剿，可起義軍却越剿越強大。李自成率領著歡脫的農民軍一路向北，一六四四年，李自成在西安稱帝，建立大順政權。接下來，李自成要征北京、滅大明。

48 滿洲的興起

八旗鐵騎震東北　決戰明朝薩爾滸

正當明朝走向衰亡之際，在廣袤的東北大地上，崛起了一支新的勢力——滿洲人。滿洲人是東北地區的原住民，先祖是東北三大古族系的肅慎族系。隋唐時稱滿洲為靺鞨，五代時稱滿洲為女真。有學者認為，「女真」是肅慎一詞的轉寫，而「滿洲」則來源於靺鞨的發音。女真人曾於十二世紀建立金朝，滅亡了遼和北宋，與南宋對峙了一百多年。後來，金朝被蒙古與南宋聯手滅了。金朝雖滅，但女真人未亡。他們散居於山海關外，在東北地區白山黑水之間的沃土上繁衍生息。

明朝時，女真形成了三大部——建州女真、海西女真、野人女真。明朝時，建州女真生活在長白山北部及牡丹江和綏芬河流域，南邊的分部居於渾河（今永定河）兩岸。建州女真生活的地區距離山海關很近，明朝在此設置了建州三衛。建州女真的北面是海西女真，海西女真人生活在今開原市至吉林市一帶，靠近松花江。在更偏遠的黑龍江下游一帶，還鬆散地分布著一支女真人。這支女真人的散居地在女真三大部中位置最偏遠，且這支女真人開化得較晚，生活方式比較原始、落後，所以被稱為「野人女真」。

最後，建州女真統一了女真各部。建州女真能夠雄起，和其較為優越的地理位置有很大關係。從人類歷史進程來看，一個部族或文明能否長久地發展，就看它能否學習和吸收其他文明。建州女真居於遼東地區，這片土地西北接蒙古，西南望中原，南面還有朝鮮半島，是多種文明的交匯處。各種文化在這裡碰撞交匯，使建州女真長期受到多種類型文明的影響，因此建州女真人也學會了多種生存技能。他們能上馬打獵，能下水捕魚，還能在平原地帶進行農耕活動。女真人會讓被他們擄來的或自行遷徙來的漢人和朝鮮人替他們從事農耕活動。由於地理位置較優越，建州女真社會從一個漁獵文明社會逐漸發展成一個複合型文明社會。就如同當年東北地區「打不死的小強」高句麗一般，女真文明這種複合型文明的生存能力極強。

明初，朝廷在遼東設立了建州三衛。不同於內地的軍事衛所，建州三衛屬羈縻機構，任用當地部落首領進行自治，朝廷只在軍事上加以掌控，管理得比較鬆散。明朝中後期，遼東部落時常叛亂。萬曆年間，明朝將領李成梁鎮守遼東。他對女真部落拉攏一批、打壓一批，利用部落間的衝突，讓明朝暫時掌控住了遼東。可是，在一次軍事行動中，明軍誤殺了女真友軍將領覺昌安父子，導致了建州女真的反叛。覺昌安的孫子是愛新覺羅・努爾哈赤，他決心為爺爺和爸爸報仇。他靠著祖、父遺甲十三副起兵，先統一了建州女真各部，之後又征服了海西女真，還招撫了野人女真，實現了女真部族的統一。

一六一六年，努爾哈赤在赫圖阿拉（今遼寧新賓西老城）稱汗，國號金，史稱後金。兩年後，努爾哈赤以殺父祖之仇在內的「七大恨」為名，正式起兵反明。在對外征戰過程中，女真軍隊驍勇善戰，屢戰屢勝。這種超強的戰鬥力，一是得益於東北民族彪悍天性，二是得益於努爾哈赤創立的八旗制度。

八旗制度源於女真人狩獵時的牛錄制度。女真人圍獵時，會組成許多個圍獵小分隊。這種小分隊就是「牛錄」，牛錄漢譯為「大箭」。每個小分隊有十個人，每人出箭一支。小分隊成員多是親戚、鄰里、朋友。為了便於指揮協調，每個小分隊會設一個隊長，隊長被稱為「牛錄額真」，意思是「箭主」，後來清朝順治年間定漢名為「佐領」。慢慢地，牛錄就成了女真人最基本的社會組織單位。牛錄打獵很在行，打仗自然也不在話下，只要將射殺野獸變成射殺敵人即可。努爾哈赤起兵後，將牛錄進行了軍事化改造。他將三百人編為一牛錄，作為基本的戶口和軍籍單位，又將五個牛錄編為一甲喇，再將五個甲喇編為一固山。「固山」在滿語裡是「旗幟」的意思，因為一固山內的部隊都用統一顏色的旗幟作為本固山的標誌。後來，「旗」就成了女真軍隊中最大的軍事編制單位。最初，努爾哈赤將女真士兵整編出了四個旗，分別用黃、白、紅、藍四種顏色代表。隨著征服地區的擴大，女真軍隊的規模也不斷擴大，四個旗顯然不夠用了。於是，努爾哈赤又增加了四旗。新四旗在最初四旗的外圍加一個鑲邊，這樣又形成了鑲黃旗、鑲白旗、鑲紅旗、鑲藍旗四旗。新、舊各四旗，總共為八旗。最初的八旗主要由女真人組成。隨著女真人對蒙古人和漢人的征服，後來的八旗軍隊中又擴充了蒙古八旗和漢軍八旗，總共二十四個旗。

努爾哈赤建立八旗制度後，女真人仿佛坐上了火箭，轉眼間就強大了起來。後金建立後，明朝感覺到東北的女真勢力已坐大，必須派兵圍剿。萬曆四十七年（一六一九），明朝派二十萬大軍進攻遼東。（號稱二十萬，一說號稱四十七萬，實際只有十餘萬。）在薩爾滸（今遼寧撫順東渾河南岸），努爾哈赤率領六萬滿洲八旗鐵騎迎戰明軍主力，最終擊敗了明朝軍隊。

薩爾滸之戰，是滿洲崛起的關鍵性決戰。戰後，明朝對後金轉入被動防守狀態，龜縮在西起山海關，途經寧遠，東至錦州一帶的關寧錦防線內，遼東之地盡失。一六二五年，努爾哈赤將都城遷到了瀋陽（後來尊為盛京），集中力量進攻關寧錦防線。就在遷都的第二年，努爾哈赤病死，其子皇太極繼位。一六三六年，皇太極改汗稱帝，改國號為清，改族名為滿洲。「滿洲」一詞早就出現過，從皇太極時代開始，滿洲成了女真的族名；滿洲也用作地名，指中國東北地區。

皇太極繼續對明朝用兵，打下了東北全境。他還征服了明朝的藩屬國朝鮮，在南漢山城迫使朝鮮國王投降，改向清稱臣。征服朝鮮，解除了清軍攻明的後顧之憂。皇太極似乎可以領兵南下了，然而，入主中原的大門——山海關——清軍一直沒能攻下來。明軍死守山海關，皇太極死去，順治帝繼位後，清軍的機會來了——山海關內傳來了消息，李自成已經打進北京了！

49 清軍入關

煤山自縊亡社稷　衝冠一怒為紅顏

沒有人能改變時代，只有時代能改變人。在歷史大勢下，如果你順應大勢，可能會大有作為；但如果你想改變歷史大勢，對不起，就算你是皇帝也辦不到。明朝末代皇帝明思宗崇禎帝，就是這樣一個妄圖改變歷史大勢的人。雖然他勵精圖治，為了挽救大明江山百般努力，卻仍被歷史車輪碾得粉碎。

木匠皇帝天啟帝駕崩後，沒有留下子嗣。天啟帝的弟弟繼位，是為崇禎帝。崇禎帝不像嘉靖帝、萬曆帝那樣怠政，更不像正德帝和天啟帝那樣胡鬧。自十七歲繼位起，崇禎皇帝表現出了明末皇帝難得的成熟與勤奮，一心想要復興大明王朝。剛入宮時，朝廷內外遍布太監頭子魏忠賢的親信或爪牙。崇禎帝小心謹慎，不亂吃宮裡的東西，晚上睡覺也保持著警惕。崇禎帝明白，自己想要成為皇宮真正的主人，就必須鏟除魏忠賢及閹黨。崇禎帝先來了招欲擒故縱，對魏忠賢恩賞有加，使其麻痹；而後，他藉機翦除了魏忠賢的黨羽。很快，崇禎帝就掌控了局勢。魏忠賢也納悶崇禎帝玩的是啥套路，出於試探，魏忠賢假意提出退休，沒想到，崇禎帝先是拒絕了，而後又令魏忠賢聽內監宣讀民間貢生彈劾魏忠賢的「十大罪」，並藉此讓魏忠賢去鳳陽去守陵。魏忠賢前腳剛離京，崇禎帝後腳就派出錦衣衛去抓捕他。魏忠賢知道自己大勢已去，難逃一死，選擇在客棧上吊自盡。崇禎帝僅用三個月時間就扳倒了權宦魏忠賢，看得出，這位少年天子是有不俗的謀略與手段的。

鏟除魏忠賢後，崇禎帝開始整頓朝政。他平反了魏忠賢亂政時的冤獄，起用了東林黨人，朝廷氣象煥然一新。崇禎帝勤於政務，每天批閱奏章到凌晨，有時候半夜還在下達旨意。如果崇禎帝能提早幾十年開始治國，明朝一定會迎來一個中興局面。可惜，崇禎在位時的明朝已經病入膏肓。外有滿洲鐵騎虎視眈眈，內有農民起義氣勢洶洶，頻繁發生的自然災害還令局面雪上加霜，更不用提明末那空前的財政危機。此時的明朝，已從重症拖成了絕症，即便洪武大帝朱元璋再世也無力回天。還真別說，崇禎帝的性格和洪武大帝還真有些相似，兩個人都很喜歡猜疑他人，都有嚴重的被害妄想症。在明初，朱元璋的猜疑能在某種程度上鏟除明朝的潛在威脅；而在明末，崇禎的猜疑卻讓朝廷的用人政策反覆無常，反倒加速了明朝的滅亡。

面對遼東戰局，崇禎起用了名將袁崇煥。天啟年間，袁崇煥就在山海關外阻擊過滿洲人，在寧遠（今遼寧興城）之戰中，努爾哈赤被袁崇煥擊敗，撤軍後沒多久便憂憤地病逝了。可是袁崇煥得罪了魏忠賢，遭到排擠，他選擇辭官回鄉。袁崇煥被重新起用後，清軍繞過山海關閃擊北京，袁崇煥立即領兵回防，解了北京之圍。可是皇太極巧施反間計，放回了所俘的魏忠賢餘黨，這批人逃回來後對崇禎帝說清軍是袁崇煥故意放進來的，還說袁崇煥已經私通了滿人。崇禎帝聽信讒言，將袁崇煥投入獄中並淩遲處死。錯殺袁崇煥，崇禎帝等於自毀長城。到崇禎朝後期，由於局勢更加糟糕，焦慮的崇禎帝猜忌心更重，濫殺官員的現象也變多了。崇禎帝在位期間，他先後殺掉的總督有七人，巡撫有十一人。應對財政危機方面，崇禎也很缺乏政治智慧，不懂如何對症下藥，只會一味地向人民加稅。為了籌集軍費，崇禎帝向老百姓加徵「三餉」，加派總額達七百三十萬兩白銀。這些加派讓被自然災害重創的老百姓難以生存，越來越多的人加入了起義軍隊伍。崇禎帝在位十七年，他的一切努力與勤奮，都是在為挽救明朝做垂死掙扎，但適得其反。死期將至，只看農民軍和清軍誰先打進來了。

崇禎十七年（一六四四）三月十七日，李自成的農民軍兵臨北京城下，開始用大炮轟城。兩天後，兵部尚書張縉彥主動打開正陽門，農民軍進入北京內城。據說這天早晨，崇禎帝欲騎馬突圍，未能成功。他又返回大殿，鳴鐘召集大臣救駕，結果沒人來。大臣們對明朝徹底失望了，並不想陪葬。最後，絕望的崇禎帝登上了皇宮後面的煤山（今北京景山），在一棵歪脖子樹上自縊身亡。臨死前，崇禎自覺無顏去見地下的列祖列宗，他脫掉龍袍，披散著頭髮上吊，死相狼狽且恐怖。崇禎帝自縊時候，他身邊只有一個宦官王承恩陪伴著。也好，明朝皇帝最倚重宦官，由宦官陪末代皇帝走完最後一程，倒也算圓滿了。只是可惜了崇禎皇帝，他並非昏君，却為因為前幾代昏君造的孽而成了亡國之君。從永樂帝遷都北京防禦蒙古人，到崇禎帝自縊於煤山以殉國，明朝做到了「天子守國門，君王死社稷」。崇禎帝雖然死得難看，却並不丟人。

李自成滅了明朝，但歷史並未進入到「大順王朝」時期。螳螂捕蟬，黃雀在後，山海關外的清軍一直在等待這一天。李自成攻入北京時，皇太極已病逝，此時的清帝是年幼的順治帝，順治帝的叔叔多爾袞攝政。得知明朝滅亡，清軍趕緊出兵山海關，想抓住這千載難逢的機會入主中原。此時駐守山海關的明軍將領是吳三桂，他一直在為明朝死守著山海關。可吳三桂一覺醒來却發現：山海關還在，明朝沒了！吳三桂夾在農民軍與清軍中間，他必須得選擇一方，否則會被左右夾擊。吳三桂有些猶豫，這個抉擇實在太難了，不僅關乎著自己的生死榮辱，還影響著歷史的走向。

在歷史大勢的必然中，往往會存在著一些偶然。偶然不會改變歷史大勢，但會加速歷史的進程。就在吳三桂猶豫不決時，一個偶然事件幫他做出了決斷。吳三桂人在山海關，家在北京城。農民軍攻入北京城後，李自成的手下強占了吳三桂的愛妾陳圓圓。被「綠」了的吳三桂，衝冠一怒為紅顏，打開了山海關大門，迎請清軍入關。農民軍趕到山海關後，全力圍攻吳三桂。正當雙方膠著之際，清軍趕來了，農民軍猝不及防，被清軍與吳三桂的聯軍擊敗。之後，清軍攻占北京，農民軍敗退。

順治元年（一六四四）十月，順治帝遷都北京，在北京南郊祭天，宣布清朝「定鼎燕京以綏中國」[1]。至此，中國歷史上最後一個王朝正式登臺。

1 出自《清世祖實錄》卷九。

50 收臺灣與平三藩

收臺灣康熙武統 平三藩天下晏安

崇禎皇帝自縊後，明朝的宗室和殘餘勢力在南方組建了政權，依舊以明朝自稱，史稱「南明」。清軍入關後，八旗鐵騎一路南下，在剿滅各地農民軍的同時，也在追剿南明政權，手段相當血腥。

清軍進攻揚州時，南明守軍將領史可法拒絕投降。清軍攻下揚州後，進行了報復性的屠城，史稱「揚州十日」。攻下江南後，清廷重申「剃髮令」，要求漢人剃髮。在古代，髮型髮飾有較強的文化意義。漢族成年男子都會綰髻束髮，也就是將頭髮梳到頭頂或腦後，然後用髮簪固定起來；北方少數民族男子間則流行髡髮，就是將頭頂前半部分的頭髮剃光，然後剩下的頭髮梳成辮子。筆者分析，這樣做的目的有二：一是為了方便，少數民族常騎馬打獵，頭髮多了容易阻擋視線；二是為了衛生，少數民族常常居無定所，不太方便洗頭髮，剃掉一部分更衛生。滿洲人早期的髡髮樣式是「金錢鼠尾」，就是在頭頂留下銅錢大小的一片頭髮，然後梳成小辮子，形似老鼠尾巴。清軍入關後，清廷要求漢人也改成這種髮型，以體現對清朝的臣服。為此，攝政王多爾袞「諭令剃髮」，甚至威脅道「留頭不留髮，留髮不留頭」，造成了不少喋血慘案。在清軍的武力威逼下，百姓紛紛歸順臣服。到順治末年，南明的殘餘勢力也基本被剿滅，只剩下臺灣的鄭氏集團還在堅持反清復明。

臺灣在元朝時正式納入了中國版圖，元朝統治者設置澎湖巡檢司管理臺灣地區，明朝統治者也在一段時間內設置過澎湖巡檢司。明太祖還將小琉球（今臺灣島）視作「不征之國」，告誡後世子孫不得隨意征討。大陸與臺灣的民間交往在明朝時很是頻繁，一撥又一撥的大陸居民遷往臺灣，移民高潮出現在明末時。由於明朝曾實行過嚴格的海禁政策，不少沿海地區的商人加入了海盜的行列，他們中有的人以臺灣為據點，靠走私貿易和海上劫掠為生。明朝末年，東南沿海最有實力的海盜是福建人鄭芝龍，他統領著號稱「十八芝」的海盜集團，手下有海盜數萬人，可以說是名副其實的海盜王。崇禎年間，福建大旱，鄭芝龍組織災民遷居臺灣，還給災民發放「移民補助」：

> 人給銀三兩，三人給牛一頭。[1]

1 出自《行朝錄》卷十一，〈賜姓始末〉。

鄭芝龍進一步促使大陸居民移民臺灣，為臺灣的開發做出了巨大貢獻。後來，鄭芝龍接受了明朝的招安，成了明朝的一位海軍將領。明末時盯著臺灣的，還有開闢了新航路的西方殖民勢力。荷蘭被稱為「海上馬車夫」，荷蘭殖民者於天啟年間在臺灣島上建立了殖民據點。三十八年後，入侵臺灣的荷蘭殖民者被鄭芝龍的兒子鄭成功趕走。

鄭芝龍早年間在日本長崎生活過，還娶了一個日本老婆田川氏。一六二四年，田川氏在日本長崎平戶藩生下了兒子鄭成功。鄭成功幼時，父親被明朝招安，鄭成功回到國內生活。與父親的海盜出身不同，鄭成功從小就接受了良好的教育，明末時，他進入南京國子監讀書。本來，鄭成功也可以考科舉入仕，成為傳統的儒家士大夫。然而，明末的歷史大勢已經無法容下安穩的書桌了。一六四四年，李自成率軍攻入北京，明朝滅亡了。緊接著，清軍入關，定鼎北京，而後橫掃中原與江南。海盜出身的鄭芝龍只信奉實力，選擇歸順清朝。深受儒家忠義思想影響的鄭成功，拒絕一臣事二朝，立志要反清復明。大陸已經無處安身，鄭成功便看中了臺灣島。清兵從東北來，不善海戰，將臺灣作為反清復明的基地再好不過了。

一六六一年，鄭成功進軍臺灣，抗擊荷蘭殖民者。次年，荷蘭殖民者投降，鄭成功收復了臺灣。不幸的是，民族英雄鄭成功在收復臺灣的當年便染病去世。其子鄭經嗣位，繼續治理臺灣。順治帝駕崩後，康熙帝繼位，康熙帝派人與鄭經談判，希望臺灣歸順清朝。康熙帝做出讓步，允諾封鄭經為藩王，讓鄭家世守臺灣。可鄭經卻希望臺灣「照朝鮮事例」，做清朝的藩屬國——鄭經這是想搞獨立。康熙帝斷然拒絕了鄭經的要求，指出：

> 朝鮮係從來所有之外國，鄭經乃中國之人。[2]

一六八三年，康熙帝派大將施琅率軍攻臺，一舉消滅了鄭氏集團，統一了臺灣。第二年，清朝設置臺灣府，實現了對臺灣的有效管轄。

康熙年間還爆發了三藩之亂。三藩是指清廷封的三個藩王，為首的是當年為清軍打開山海關大門的吳三桂。吳三桂為清軍入關立下大功，清廷也沒有虧待他，入關後，順治帝封吳三桂為平西王，鎮守雲南，兼轄貴州。一同獲封的，還有鎮守廣東的平南王尚可喜，鎮守福建的靖南王耿仲明[3]，他倆也是為清廷立下戰功的明朝降將。

晚年的吳三桂希望自己的後代能永遠鎮守雲南，所以一直在培植自己的勢力；尚

2　江日昇：《臺灣外記》卷六。
3　順治八年（一六五一），耿繼茂襲父親耿仲明靖南王之位。耿繼茂為清初三藩之一。

可喜與承襲父爵的耿繼茂也是如此。三藩勢力嚴重危脅了清朝統治。康熙十二年（一六七三）春，尚可喜請求歸老遼東，早就想撤藩的康熙帝抓住機會，命尚可喜父子率屬下兵丁家小同撤。為了試探朝廷的態度，吳三桂也假意給康熙帝上了封「辭職信」，請求朝廷撤藩，說自己要告老還鄉。吳三桂認為自己的實力擺在那，康熙不敢真的答應，肯定會挽留他。可令吳三桂萬萬沒想到的是，康熙帝當即批准了他的撤藩請求，還派出專使去雲南商議撤藩事宜。吳三桂一看康熙來真的了，隨即起兵造反。此時耿繼茂已死，其子耿精忠襲爵，耿精忠在福建起兵響應吳三桂。之後，尚可喜的兒子尚之信軟禁了忠於清廷的老爹，暗通吳三桂相約共同反清。就這樣，三藩之亂全面爆發，半壁江山很快就被三藩叛軍占領。

吳三桂起兵的口號是「興明討虜」，意思是要為明朝報仇，討伐滿人。這個口號非常虛偽，當年南明永曆帝逃到緬甸，就是被吳三桂抓回來的，吳三桂還讓人用弓弦勒死了永曆帝。現在吳三桂又說要為明朝報仇，傻子都不會信。要是真想為明朝報仇，吳三桂應該自殺才對。面對驟起的三藩之亂，二十歲出頭的康熙帝臨危不亂，他採取分化瓦解的方法孤立吳三桂，同時調兵遣將赴南方平叛。打仗打了五六年後，吳三桂有點撐不住了。臨死前，吳三桂在湖南衡州（今湖南衡陽）稱帝，過了一把皇帝癮，也戳破了「興明討虜」的政治謊言。一六八一年，清軍攻入雲南，三藩之亂被徹底平定。

三藩之亂的失敗，根本原因在於起事的藩王不得民心。被明末清初的戰火折騰過的老百姓，此時並不希望天下大亂。反清復明，很多時候只是某種政治口號。對民眾而言，朝代是清是明沒那麼重要，真正重要的是生活的安定與幸福。康熙統治時期，社會穩定，百姓安居樂業，「反清復明」活動已經不招人待見了。就像電影《鹿鼎記：神龍教》裡韋小寶質問堅持反清復明的陳近南時所說的：「自從康熙登位之後，四海升平，……國泰民安，老百姓都吃得好、穿得好，為什麼還要推翻他呢？」

51 雅克薩之戰

中俄大戰雅克薩 邊貿互惠恰克圖

我們在歷史教材上看到的王朝疆域地圖，展現的多是某一王朝極盛時期的疆域。實際上，一個王朝的疆域並非一成不變的，極盛時期和衰落時期的疆域面積往往差別很大，而且極盛時期的廣闊疆域通常維持不了多長時間。以唐朝為例，在唐高宗時期，唐帝國的疆域面積達到頂峰，彼時的唐帝國西至波斯，北達貝加爾湖北面，東邊囊括朝鮮半島北部，緊挨日本海。可是這麼廣闊的疆域存在的時間很短，唐朝對漠北的管轄僅維持了二十幾年，對朝鮮半島的管轄更是只有幾年，安史之亂後，西域逐漸被吐蕃占領。翻看唐朝中後期的疆域圖，唐和吐蕃幾乎平分秋色。歷史上，中國王朝的領土以中原為核心，東部和南部皆到大海，西至河西走廊，北達長城一線。這個範圍以外的邊疆地區，則是時能管時不能管。王朝強盛時，能坐擁四海；王朝弱小時，則邊疆易主。在探討有關邊疆治理的問題時，有一個標準至關重要，那就是能否長期有效地控制。歷朝歷代中，清朝是少有的能對廣大邊疆地區實現長期有效控制的王朝。為了維護邊疆的安全與穩定，清朝不僅要解決內部的分裂勢力，還要面對外部入侵者的挑戰。清朝前期主要的入侵者是北方的惡鄰沙俄。

俄國最初並未同中國接壤。俄國人的祖先生活在東歐地區，屬東斯拉夫人的羅斯部族。羅斯人在九世紀下半葉建立了基輔羅斯公國，基輔羅斯公國是彼時的東歐地區最強大的國家。後來，羅斯地區陷入了封建割據之中，出現了許多地區公國，也就是封建自治國。十三世紀上半葉，戰鬥力爆表的蒙古人征服了東歐地區，在這裡建立了地跨東歐和中亞的欽察汗國，也稱金帳汗國。羅斯人打不過蒙古人，紛紛臣服。有的公國還給蒙古人當代理，幫蒙古人彈壓同胞，當起了「二鬼子公國」。在「二鬼子公國」裡，幹得最好的是莫斯科公國，莫斯科公國的統治者深得蒙古人的信任和重用，被蒙古人委以幫忙收稅的重任。就這樣，莫斯科公國在蒙古人的支持下發展壯大，開始統領眾多羅斯公國。三十年河東，三十年河西。到了十五世紀，欽察汗國分裂了，莫斯科公國趁機吞併了周邊眾多公國，發展成了一個中央集權制國家。伊凡三世在位時，他迎娶了拜占庭帝國（東羅馬帝國）末代皇帝的侄女，從此，莫斯科公國便以羅馬帝國的正統繼承者自居。之後，莫斯科大公改稱沙皇，意思是「凱薩」，莫斯科公國也就變成了沙皇俄國。

經過蒙古人二百多年的統治，俄國人深受影響，已經蒙古化了。他們繼承了蒙古人的作風，崇尚武力，熱衷於對外擴張。俄國人完全不遮掩他們擴張領土的野心。沙皇俄國繼承了拜占庭帝國的雙頭鷹徽記——威嚴的雙頭鷹圖案，兩個鷹頭一個頭望著西方，另一個頭望著東方。俄國人對外擴張的戰略也與徽記的寓意相吻合——征服西方，兼顧東方。向西，俄國人在十八世紀擴張到了波羅的海沿岸；向東，俄國人征服了人煙稀少的西伯利亞地區，於十七世紀擴張到了遠東的太平洋沿岸，此後俄國土與中國接壤。可是西伯利亞地區的氣候太過寒冷，並不適宜居住或移民。俄國人相中了西伯利亞地區東部再往南一點的溫暖地帶，也就是包括黑龍江流域在內的中國東北地區。明清時期，東北地區也稱滿洲。滿洲是滿洲人的故鄉，也是清朝的龍興之地。隨著清軍主力入主中原，滿洲人的東北老家變得空虛了，給了俄國人可乘之機。

順治七年（一六五〇），以哈巴羅夫為首的沙俄軍隊侵占了黑龍江流域的雅克薩（今俄羅斯阿爾巴金，此前，沙俄已侵占尼布楚〔今俄羅斯涅爾琴斯克〕，將它作為入侵中國東北的據點。）俄國人占領中國東北地區的領土後對待當地中國人的方式與抗日戰爭時期的日本人不同，抗戰時期的日本人對東北的中國人是殖民奴役，而俄國人對東北的中國人卻是趕盡殺絕。俄國人曾對占領地區的達斡爾人展開屠殺，一次性殺死了六百六十一人，還擄走婦女兒童三百六十一人。俄國人不僅心狠手辣，還很「腹黑」。他們一面入侵中國東北，一面與中國境內的反叛勢力相勾結。俄國人和蒙古準噶爾部來往密切，想借助準噶爾人攪亂清朝政局，好讓自己在東北坐收漁翁之利。俄國人的算盤打得好，可時機卻不佳，因為他們趕上了清朝最具雄才大略的康熙皇帝當政。

平定了三藩之亂後，康熙皇帝開始騰出手來解決東北的沙俄。一六八五年，清軍三千五百人分水、陸兩路進軍雅克薩。駐守該地的俄軍並不多，在清軍炮火的猛烈攻擊下，俄軍乞降，清軍毀雅克薩城而還。然而，這只是俄軍的緩兵之計，援兵趕來後，俄軍捲土重來，又重新占據了雅克薩。一六八六年，清軍二千多人再次進軍雅克薩，朝城內實行猛烈的炮擊。清軍還在雅克薩外圍挖掘了戰壕，準備對雅克薩進行長期圍困。俄軍很頑強，一直在城內死守，最後，俄軍戰死、病死了一大堆人，原本的八百多人只剩六十餘人，連統帥托爾布津都被擊斃了。最終，俄軍挺不住了，選擇投降。雅克薩之戰後，俄國人只得坐到談判桌前。一六八九年，中、俄簽訂《中俄尼布楚條約》，劃定了兩國的東段邊界。該條約從法律上肯定了黑龍江和烏蘇里江流域包括庫頁島在內的廣大地區都是中國領土。

《中俄尼布楚條約》還允許兩國商旅進行貿易，這在奉行閉關鎖國政策的清朝可是特例。中俄商旅入境時，需要持有「文票」，這種文票成了近代護照的雛形。雍正朝，中、俄兩國又簽訂了《中俄恰克圖界約》，劃定了兩國的中段邊界。此後，中俄邊境的恰克圖成了繁忙的邊貿重鎮。中國內地的晉商會從武夷山販運茶葉到恰克圖來販賣，再買俄國的皮毛製品回去。「恰克圖」在俄語裡意為「有茶的地方」，俄國人在這裡買到了他們想要的中國茶葉。此後的一百多年裡，中、俄兩國相安無事。

在與清朝的戰爭中，俄國人吃到了苦頭；在與清朝的貿易中，俄國人嘗到了甜頭。為了保持與清朝的和平互惠的關係，俄國人不再支持準噶爾部。對清朝來說，後者才是肘腋之患。

52 清朝的治蒙與治疆

恩威並用定北疆　平蒙古者平天下

幾千年來，生活在北方草原的游牧民族一直是中原王朝的心腹大患。秦漢時的匈奴，隋唐時的突厥，北宋時的契丹，南宋時的女真，都曾讓中原政權頭疼不已。但最厲害的是蒙古，蒙古人不僅全面征服過中原，北退後還長期威脅著明朝的統治。清朝時，蒙古勢力依然活躍，不僅控制著蒙古草原，還影響著新疆和西藏。清朝統治者心裡很清楚：平蒙古者，才能平定天下。為此，滿洲和和蒙古較量了近百年，上演了兩個騎馬民族的巔峰對決。

明朝時，蒙古的韃靼部和瓦剌部都很強大，兩部總是相互征伐。明朝中後期，韃靼部擊敗瓦剌部，韃靼部以大漠為中心加強對蒙古諸部的統治，瓦剌部則西遷。到了明朝晚期，蒙古內部以大漠為限隔，演變成漠南蒙古、漠北蒙古和漠西蒙古三部分。漠南蒙古察哈爾部為正統，其大汗是成吉思汗黃金家族的後裔，察哈爾部以「察哈爾汗國」自居，其首領仍使用元朝的傳國玉璽。不過，漠南蒙古離東北地區太近了，滿洲崛起後，漠南蒙古立刻被滿洲人收拾了。入關前，滿洲人已經擊敗蒙古末代大汗林丹汗，其子向皇太極獻璽投降，這標誌著成吉思汗創立的蒙古汗國徹底退出歷史舞臺。此後，滿洲皇帝身兼蒙古大汗，實現了「滿蒙一體」。一六九一年，康熙帝在多倫會盟蒙古諸部。所謂會盟，就是擺酒局聚會，參加即意味著歸附舉辦者。漠北蒙古參加了這次會盟。

對於歸附的蒙古諸部，清朝將它們分割為若干個規模較小的旗，這樣可將蒙古部落分化、打散，它們便無法形成合力。在旗之上，清朝又設立了盟，選擇忠順的蒙古貴族擔任盟長。這種盟旗制度可以有效地防止蒙古人大規模叛亂。除了分化、打散，清朝也很注重籠絡蒙古人，為此制定了滿蒙聯姻政策。清朝存在的二百多年裡，滿蒙貴族聯姻了近六百次，清朝嫁過去了四百多個公主和宗女格格，娶過來約一百六十個蒙古王公之女，其中有六位蒙古王公之女做了皇后。利用「一手大棒，一手聯姻」的治蒙政策，清朝有力地控制了漠南蒙古與漠北蒙古，使其成為北疆屏障，不必再費力地修建長城了。

接下來說說蒙古瓦剌部，瓦剌軍曾在明朝時兵臨土木堡，俘虜了明英宗。清朝時，瓦剌被稱為衛拉特[1]。衛拉特人生活的漠西地區大致就是今天的新疆。明末清初時，衛拉特有四個大部落，其中最強悍的是準噶爾部。這個部落有大概六十萬人，其族人特別驍勇善戰。準噶爾部東征西討，稱霸西域與大漠。衛拉特的土爾扈特部曾被準噶爾部欺負得離家出走，西遷到今伏爾加河流域去了。清初，衛拉特各部歸順了清朝；但是到了十七世紀下半葉，準噶爾部出了個很有野心的首領，叫作噶爾丹。他統一了衛拉特各部，控制了天山南北，建立了準噶爾汗國，徹底反叛。噶爾丹還和俄國人勾結，確立了聯俄抗清的方針。他從俄國得到了火槍、火炮等，企圖以武力復興蒙古帝國。準噶爾的崛起與妄圖分裂之舉，對清朝的統治構成了極大威脅。

一六九〇年，噶爾丹率軍東進，一直打到距離北京約七百里的烏蘭布通（今內蒙古克什克騰旗南境），大有滅亡清朝取而代之之勢。康熙帝為了維護清朝統治和國家領土完整，先後三次率軍親征並擊敗了噶爾丹。噶爾丹死後，準噶爾部又多次叛亂。準噶爾部的幾代首領雖不弱小，但他們趕上了清朝最強盛的時代。康熙、雍正、乾隆，祖孫三代一直在與準噶爾部死磕。乾隆朝，準噶爾部發生了內亂，乾隆皇帝趁機出兵討伐，一勞永逸地對準噶爾部「即行剿滅，永絕根株」[2]。一七五七年，準噶爾汗國被徹底消滅。

準噶爾部占領時的西域還生活著許多維吾爾族人。他們是唐朝時遷徙而來的回鶻人的後裔，回鶻人曾經建立回紇（鶻）汗國，接受過唐朝的冊封。蒙古興起後，回鶻人歸順了成吉思汗，在西域與各民族長期雜居，逐漸演變成維吾爾族。維吾爾族人信仰伊斯蘭教，元明清時期伊斯蘭教被稱為回教，所以清初時維吾爾族聚居區被稱為回部或回

1 也稱「厄魯特」，清代對西部蒙古各部的總稱。

2 出自《平定準噶爾方略正編》卷三十六。

疆。準噶爾汗國崛起後，準噶爾部控制了西域，維吾爾族也處於被控制的狀態。為了控制維吾爾族，準噶爾人會把維吾爾族貴族首領軟禁起來作為人質。當時，有兩個維吾爾族首領被準噶爾人扣押，他們是大小和卓木。清朝平定準噶爾後，維吾爾族翻了身，大小和卓木也獲得了自由，還被清朝委以協管回部的重任。然而，這兄弟倆私欲膨脹，想趁機讓回疆脫離大清。可是大小和卓木遠沒有準噶爾人那兩下子，剛發動叛亂就被乾隆平定了。一七六二年，清廷設置伊犁將軍，總理西域軍政事務。因為是「故土新歸」的疆域，乾隆將西域更名為「新疆」。

準噶爾被平定後，早年從新疆離家出走的土爾扈特部也歸國了。土爾扈特人西遷到伏爾加河流域後，生活得並不快樂。在那裡，他們備受沙俄欺淩。最讓他們受不了的是，沙俄想讓他們改信東正教。準噶爾被滅後，土爾扈特人決定東歸故土。在首領渥巴錫的領導下，土爾扈特人一路躲避沙俄的追擊，在人口損失近半之後，終於在一七七一年返回祖國。乾隆皇帝十分感動，撥款三百萬兩白銀並讓周邊區域的各族人民給土爾扈特部提供物資，助其安置。土爾扈特部東歸，象徵意義重大，為多民族國家的鞏固和發展做出了貢獻。

清朝的治蒙政策靈活多變且成果斐然。清帝恩威並用，對於歸順者，委以重任，恩賞有加；對於叛亂者，毫不留情，徹底翦滅。又通過冊封、會盟、聯姻、招撫、設置官員等方式維持統治，基本解決了大一統王朝的北方邊患問題。可以說，清朝的邊疆治理在中國歷代王朝中是最為成功的，不僅實現了對邊疆地區的長期有效控制，還奠定了近代中國版圖的基礎，實乃清朝之卓越貢獻。

53 清朝對西藏的治理

索倫兵萬里奇襲 定靈通金瓶掣籤

明清時期，蒙古和西藏還有著千絲萬縷的聯繫。它們之間的紐帶，是兩地共同信仰的藏傳佛教。

相傳，大概二千五百年前，佛教誕生於古印度。之後，佛教分兩條路線傳入中國。第一條從西域經絲綢之路傳入中原，是為漢傳佛教，也稱北傳佛教，乃中國佛教信仰的主流；第二條經東南亞傳入中國雲南地區，是為南傳佛教，如今中國的傣族信奉的就是這一支佛教。佛教傳入西藏後，與西藏本地的原始宗教相互影響，逐漸形成了藏傳佛教。佛教傳入藏地的時間應該在唐朝，那時，西藏處於強盛的吐蕃王朝時期，吐蕃贊普松贊干布迎娶了兩位鄰國的公主，一位是唐帝國的文成公主，一位是尼婆羅的墀尊公主。這兩位公主都信仰佛教，也都把本國的佛法傳入了吐蕃。經過融合，佛教在西藏完成了本土化，形成了藏傳佛教。藏傳佛教分四大教派，其中，格魯派的影響最大，因格魯派僧人頭戴黃帽，格魯派俗稱黃教。蒙古征服吐蕃後，蒙古人開始信仰藏傳佛教，後來藏傳佛教還成了元朝的國教。明朝時，退居草原的蒙古人依舊信仰藏傳佛教，信徒主要是黃教派。黃教有兩大宗教領袖，分別是居住在拉薩布達拉宮的達賴和居住在日喀則扎什倫布寺的班禪。這兩大宗教領袖的地位極高，都被稱為活佛。達賴被認為是觀世音的化身，班禪被認為是阿彌陀佛的化身。滿洲興起後，滿洲統治者認識到了藏傳佛教的重要性，深知只要籠絡藏傳佛教，就能籠絡蒙古和西藏，甚至能籠絡蒙古人控制的回部。清軍入關前，清朝統治者曾遣使入藏，邀請五世達賴前往盛京會晤。不承想明朝亡得太快，滿洲很快就入主北京了，五世達賴的盛京之行變成了北京之行。順治九年（一六五二），五世達賴到北京朝覲順治帝，次年，五世達賴被賜予「達賴喇嘛」[1]封號。康熙年間，清廷又冊封五世班禪為「班禪額爾德尼」[2]。此後，歷代的達賴和班禪都需要經過清朝政府冊封，等於承認了清廷對藏傳佛教的管轄。

藏傳佛教對邊疆地區的重要性，不僅清廷明白，準噶爾部也很清楚。康熙朝末期，準噶爾出兵西藏，攻占了拉薩。這一情況相當危急，因為準噶爾人一旦控制了藏傳佛教，他們就能以宗教為武器，左右西藏、蒙古、回部三地的局勢。到那時，清朝的邊疆各地都會陷入動蕩之中，清廷甚至會有崩盤的危險。為了「驅準保藏」，康熙和雍正兩代帝

1 「達賴」為蒙古語音譯，意為「大海」；「喇嘛」為藏語音譯，意為「上師」。
2 「班」為梵語的省略音譯，意為「精通五明的學者」；「禪」為藏語音譯，意為「大」；「額爾德尼」為滿語音譯，意為「寶」。康熙五十二年（一七一三），清政府正式確定了班禪額爾德尼的地位。

王傾盡全力，多次出兵西藏，徹底驅逐了染指西藏的準噶爾勢力，並在西藏永久性地駐兵二千人。同時，清廷還對西藏地方的噶廈[3]進行了改革，大量任用西藏本地人，以削弱蒙古人的影響。雍正朝，清廷又在西藏設置了駐藏大臣，代表中央督辦西藏政務，其地位與達賴、班禪平等。此後，西藏僧俗官員事無大小都要稟命駐藏大臣再辦理。

到了乾隆朝，西藏又出問題了，這時候搞事情的是鄰國廓爾喀，也就是今尼泊爾。乾隆朝以前，尼泊爾四分五裂，境內有數十個部落，其中的一些還會向清朝納貢。十八世紀下半葉，廓爾喀部族崛起，統一了尼泊爾全境，建立了尼泊爾王國，又稱廓爾喀王國。尼泊爾和西藏挨著，兩地一直存在經濟貿易往來。廓爾喀崛起後，與西藏產生了一些經濟和領土糾紛。說白了，廓爾喀自恃強大，想搞事情了。恰巧，西藏白教活佛沙瑪爾巴此時投奔了廓爾喀，將扎什倫布寺的財富及駐軍的情況告知了廓爾喀國王。在沙瑪爾巴的慫恿下，廓爾喀人入侵西藏。乾隆帝立即遣兵入藏，可當清軍到達時，西藏噶廈已私自和廓爾喀人議和了，承諾每年給廓爾喀三百個元寶，赴藏辦事的欽差大臣巴忠知道後竟然也默許了。廓爾喀撤兵後，巴忠向乾隆謊報戰功，說是「奏凱班師」，廓爾喀人嚇尿了，主動撤軍了。乾隆皇帝很高興，還賞賜了一眾人等。但之後就尷尬了，一七九〇年，廓爾喀遣使來西藏討要元寶，達賴喇嘛拒絕給錢。廓爾喀人生氣了，於次年又入侵了西藏。這一次，廓爾喀人洗劫了扎什倫布寺，搶走了大量寶物。乾隆立即派親信大臣福康安領兵入藏。為了徹底打敗廓爾喀人，乾隆帝還派出了清軍的王牌部隊「索倫營」。「索倫」泛指黑龍江流域的鄂溫克、達斡爾、鄂倫春等民族，這些民族的人常年生活在冰天雪地之中，與老虎、黑熊為伴，生性勇猛。清廷將索倫兵編成索倫營，索倫營戰鬥力爆表，在平定準噶爾時就立下過驚人的戰功。乾隆帝嚴令福康安：務必等待索倫勁旅到達後再與廓爾喀全面開戰。索倫兵從黑龍江出發，奔赴萬里，到達青藏高原前線，未經修整，直接投入戰鬥，一戰就斬殺廓爾喀兵六百餘人。之後，清軍又翻越喜馬拉雅山脈，攻入廓爾喀境內，一直打到今加德滿都附近。廓爾喀服氣了，向清軍請降，承諾向清朝稱臣、納貢。至此，廓爾喀之役以清廷的勝利告終。

降服廓爾喀後，清廷頒布了《藏內善後章程》，對西藏的各項制度加以改良與規範。其中，規定了活佛轉世要「金瓶掣籤」。以前，蒙藏地區的大活佛圓寂後，轉世靈童多由跳神巫師通過「吹沖」來認定。「吹沖」類似於占卜，易被人操控，由「吹沖」選出的轉世靈童也多出自蒙古王公或西藏大貴族之家，極易造成貴族坐大。金瓶掣籤制度規定：通常情況下，活佛圓寂後，要尋訪出此時出生的三個小孩作為轉世靈童候選人，然後，把三個候選人的名字和出生日期用滿、漢、藏三種文字寫在名籤上，放入御賜金瓶

3　藏語音譯，意思是「發布命令的機關」。

中。之後選派有功德的喇嘛誦經七日，然後在駐藏大臣與西藏高級僧俗官員都在場的情況下，當場抽出一支名籤，以此確定最終的轉世靈童。掣籤結果還要報送朝廷，得到批准後方能生效。這一制度至今仍在西藏沿用。

清廷將大一統的政治理念同邊疆地區的民族習俗、宗教信仰相結合，因地制宜、多管齊下，加強了對邊疆地區的管理，鞏固和發展了統一多的民族國家。

54 清朝的政治制度

小黑屋裡告小狀　專制集權專制極

入關後，清朝皇帝採用漢法治天下，走起了明朝強化皇權的老路。不同於明朝大多數皇帝的怠政，清朝大多數皇帝都非常勤勉。清朝前期，皇帝真正實現了大權獨攬，將君主專制推向頂峰。

清政權脫胎於女真部落，立國初期帶有濃厚的部落聯盟色彩，政治上實行貴族軍事民主制。滿洲八旗旗主和各旗貴族組成的議政王大臣會議，是國家的最高決策機關。凡遇軍國大事，大家一起決策，皇帝也不能擅自更改決議。剛入關時，議政王大臣會議依舊大權在握，其地位淩駕於內閣之上，制約著皇權。

順治帝死後，康熙帝繼位，中原王朝原有的中央集權制度很讓他著迷——君主專制好啊，皇帝一個人說了算，大家都得聽我的。為了集中權力，他設立了南書房。南書房本是康熙讀書的地方，裡面有多位文學侍從值班，大多侍從由有學識的翰林院學士充當。這些人每天陪康熙讀書，就像要好的同學一般，關係十分親密。青春期的少年，有心事了常常不會去求助父母，更願意和要好的同學商量，這是走向獨立的表現。康熙帝也是如此，軍國大事都在南書房裡與侍從學士商議，南書房也就具備了輔助決策的職能，而如同父母一般的議政王大臣會議被完美地繞開了。

雍正朝，「小黑屋」制度出現。當時，朝廷正和漠西蒙古的準噶爾部作戰，軍情每天都被快馬加鞭地送到朝廷，雍正帝要立即做出決策，不僅得速度快，還得保密。為此，雍正在養心殿附近設立了一個「小黑屋」，挑選親信大臣到這裡來商議軍情。雍正給這個「小黑屋」取名叫軍機處，軍機處內，雍正一人決策，大臣只負責祕書工作。西北叛亂平定後，軍機處依舊保留，成了常設的政府機構。軍機處官員稱為「軍機大臣上行走」，從名字就可看出軍機大臣的職位並非固定的，全憑皇帝的需要臨時差遣，這樣可防止軍機大臣專權擅政。軍機處的設立，便於皇帝一人大權獨攬，標誌著中國的君主專制制度發展到頂峰。曾經權力極大的議政王大臣會議，至此已經名存實亡，到了乾隆朝，乾隆皇帝索性將它撤銷。

專制君主都很重視政治情報的搜集，哪個大臣貪贓枉法，哪個大臣又密謀搞事情，民間有啥輿論，皇帝都力求及時掌握。明朝統治者曾為此設立廠衛機構，明目張膽地搞特務統治，為世人所詬病。清朝廢除了廠衛機構，但皇帝開始鼓勵群臣打小報告，為此，康熙帝創立了奏摺[1]制度。明朝時，官員給皇帝寫的奏本要先送到通政司匯總，然後交給內閣票擬，最後由太監批紅。這一流程毫無保密性可言，官員也不敢打小報告得罪人。

比如嘉靖朝的權臣嚴嵩，其義子主管通政司，任何奏本都瞞不過嚴嵩，因此他能夠長期專權。清朝的奏摺則是君臣之間的私人通信媒介，官員的奏摺直接送達皇帝手中，沒有暗箱操作的空間。

對於心腹官員，清朝皇帝還給了他們密摺奏事權。密摺寫好後，官員將密摺放入專門的皮匣裡，由專人送給皇帝。皮匣由皇帝頒發，上面有鎖，能開鎖的鑰匙只有兩把，上奏官員和皇帝各有一把。密摺內容大體有四類：請安、謝恩、繳批、陳事。其中最多的是陳事密摺，內容五花八門，上至軍國要務，下至民間趣聞，還有同僚間的小報告。康熙時期，能上密摺的人都是康熙帝絕對的心腹。如曹雪芹的爺爺曹寅，曹寅明面上擔任江寧織造一職，暗地裡負責江南的情報搜集。雍正朝，擁有密摺奏事權的官員有上千人，現存的雍正奏摺有四萬多件，其中有不少就是密摺。這可累壞了雍正皇帝，因為每一件奏摺他都要親自寫朱批，有些奏摺雍正寫的朱批便有上千字。雍正帝在位共十三年，所寫朱批的總字數很可能超過一千萬字。所以，雍正帝每天只能睡四小時左右，他五十多歲就累死了。雍正帝許多朱批的內容頗有真性情，有的甚至很搞笑。比如，雍正

---

1 康雍年間，奏摺的長短、寬窄不一致，乾隆朝以後，奏摺的規格趨於劃一。京中部院各衙門多用大長摺，外省奏摺較之略小。奏摺摺幅長度約二十二公分，寬度約十公分。

帝給親信田文鏡的奏摺朱批裡寫道：

朕就是這樣漢子！就是這樣秉性！就是這樣皇帝！[2]

再比如，左都御史尹泰對「雍正新政」屢有微詞，雍正在朱批中大罵道：

尹泰，爾以前幹什麼來著，該死的老畜生！[3]

密摺制度有利有弊。它使君臣之間的溝通更加高效，便於皇帝準確地瞭解大小事情，提高了行政效率和決策的科學性；它還便於官員打小報告，能夠震懾群臣，防止大臣專權和結黨營私。因此，密摺制度有效地加強了皇權。但是，密摺制度也讓官員相互猜忌，使官員做事畏縮，扼殺了官員的主觀能動性和創造性，不利於社會的創新和進步。

除了軍機處和奏摺制度外，清朝還有許多完善的制度。比如雍正創立的祕密立儲制度，既能擇賢而立，又避免了皇子爭權，解決了存在了近二千年的儲位爭鬥問題。再比如清朝的後宮制度，后妃生育的皇子另尋養母，讓有血緣關係的母子不親近，大大減少了後宮干政和外戚專權現象。

清朝的制度是歷代王朝中最完善的，然而也恰恰是這樣「內卷式」地對封建集權制度的完善，使中華文明喪失了活力，錯失了向近代社會轉型的時機。當西方社會已經邁向民主政治階段，當科學革命已經否定神權的愚昧，當蒸汽機的轟鳴已經開啟了工業文明，清朝人却還沉浸在「吾皇萬歲」的大一統世界中。這種落後於時代的制度完善，是可嘆的，更是可悲的。

---

2 出自中國第一歷史檔案館編《雍正朝漢文朱批奏摺彙編》（第四冊）。

3 轉引自馮爾康：《名家說清史・雍正皇帝》。

55 明清的經濟

高產作物增人口　晉商徽商遍天下

在中國古代史上，存在這樣一個循環式怪圈。王朝建立初期，會享受一段太平歲月，社會安定，經濟發展，人口繁育；當人口繁育到一定數量的時候，土地承載力跟不上了，產出的糧食不夠吃，隨之而來的便是饑荒和農民起義，國家會產生動亂；在動亂過程中，人口會減少很多，等新的王朝建立，人口過多的壓力消失，王朝又開始享受太平歲月，人口數量不斷增長，許久之後再一次的動亂產生。會出現這種怪圈的核心影響因素是人口數量和土地承載力。明清以前，中國的人口數量似乎從未超過一億，因為人口數量接近一億，社會多半會出問題。而到了明清時期，中國的人口數量不僅超過了一億，還在清朝中後期突破了四億大關，清末時，中國人口數量約占當時世界人口總量的四分之一。能突破土地承載力的極限，很大程度上要歸功於明清時期朝廷引進了美洲的高產農作物。

明、清兩朝都很重視農業。明太祖朱元璋本就是窮苦農民出身，深知農民生活不易，因而很關注人民疾苦，形成了「農本」的治國理念。清朝統治者雖是騎馬民族，但滿洲人在入關前就有較豐富的農耕經驗。入關後，清朝統治者稱農業為「國之大計」，勸課農桑，實現了從漁獵文明到農耕文明的轉型。同時，明朝傳入中國的玉米、甘薯、馬鈴薯等高產農作物，在清朝得到了大面積推廣。這些作物原產自美洲，在歐洲人開闢新航路後傳入中國。這些外來的高產農作物有兩大優點：其一是單位產量高，比如甘薯，畝產數十石，而同時期的水稻畝產只有幾石，明朝人稱甘薯「勝種穀二十倍」；其二是適應性強，它們並不與五穀爭地，可廣泛種植於山地和旱地間。這兩大優點使得高產農作物一經傳入，就成了廣大窮苦民眾的口糧，至少不會大規模地餓死人了。隨之而來的，是中國人口的激增。高產農作的引進，還改變了國人的飲食結構。清朝以來，窮苦民眾日常以玉米為主食，很少能吃到白米和麵粉。一直共產中國新成立後，很多地方的人還是以玉米為主食，筆者的父親就是吃玉米貼餅長大的。直到中共實施改革開放後，白米、麵粉才重新回到國人的日常餐桌。

和玉米一道傳入中國的，還有美洲的辣椒和菸草。辣椒經浙江傳入，最初僅作為觀賞植物。後來辣椒傳到貴州，由於當地缺少食鹽，人們烹飪時就加辣椒來增加味道。乾隆年間，貴州已普遍食用辣椒，緊接著鄰近的雲南、湖南、四川等地的居民開始食用，後來全國老百姓都會食用辣椒。菸草的傳入對中國負面影響較大，種植菸草不僅耗費了大量良田沃土，菸草還成了近代中國人因循吸食鴉片的誘因。

人口增加了，就會出現大量勞動力。由於耕地數量有限，許多勞動力從事手工業，這使得明清時期的手工業得到空前發展。傳統的農耕社會，男耕女織，手工業多以家庭為單位，自產自用。明清以前，具有一定規模的手工業只見於官營作坊。這種官府創辦的手工業作坊會讓世襲工匠進行生產，產品一般不進入市場，專供皇室使用。明清時期，民眾私營的手工業工場異軍突起，其規模遠遠超過了官營作坊。民營手工業工場雇用工人進行生產，特別是江南的絲織業，廣泛出現了「機戶出資，機工出力」的生產模式。「機戶出資」是指工場主提供織機、原料和場地，「機工出力」是指僱用工人幹活。另外還會「計日授值」，意思是按天發工資。出現僱傭關係是近代資本主義經濟的特徵之一，二十世紀時就有學者認為：明朝手工工場中僱傭關係的出現標誌著中國的資本主義萌芽產生，只不過資本主義萌芽後來被西方殖民者扼殺了。共產中國成立後，資本主義萌芽問題成了一門顯學，被譽為史學界「五朵金花」[1]之一。然而，資本主義發的展需要諸多社會條件，比如獨立的工商業資本、民主法制等。顯然，明清時的中國社會不具備這些社會條件，不能單以僱傭關係出現就斷定資本主義萌芽出現。

民營手工業生產出來的商品都投入了市場，這又進一步促進了明清時期商業的繁榮。

明清商業繁榮的表現之一是白銀貨幣化。明清以前，國人多以銅錢作為第一貨幣。但商品經濟不斷發展，大額支付的需求增加，銅錢難以適應，因為銅錢的幣值太小了。

明朝有較長一段時間裡棉布約為三百錢一匹，如果你要買十匹棉布，大概得用三貫錢，這麼多銅幣拿在手裡很重，非常不方便。古代也有紙幣，但紙幣的信譽很低，常常貶值，大家都不愛用。明朝時，西方和日本的白銀大量流入中國，白銀開始成為主流貨幣。張居正還在萬曆朝推行了「一條鞭法」，賦役普遍用銀折納，這也加速了「白銀時代」的到來。明清時期，大宗交易和政府儲備都使用大塊的銀錠，老百姓日常交易則使用小塊的碎銀。明清老百姓使用銀子時會使用兩樣工具，一是剪子，二是戥子。剪子用於把銀子剪成小塊，戥子用於稱重支付。剪銀子還有一個作用，就是驗證白銀的純度，看看銀錠裡面是否摻鉛。

明清商業繁榮的表現之二是形成了具有地方特色的商業集團，即商幫。最具代表性的，是山西的晉商和安徽的徽商，二者的興起，都與販鹽有關。明朝在西北駐有大量軍隊，需要運送大量物資，這讓政府很是頭疼。為了解決西北軍糧的運輸問題，朱元璋實行了「食鹽開中」的政策。這個政策將政府壟斷經營的鹽業放開給商人，商人通過將軍糧運送到西北來獲得政府頒發的鹽引，然後經營鹽業。山西的晉商利用距離西北近的位

1 指中國古代史分期問題、封建土地所有制問題、封建社會的農民戰爭問題、資本主義萌芽問題、漢民族形成問題。

置優勢，藉著這一政策先富了起來。晉商富起來後，在全國乃至海外建立起了商業網絡，各地都有晉商的商棧。利用發達的商業網絡，晉商開始涉足金融業，通過當鋪和票號經營銀票匯兌業務，相當於最早的銀行了。那時候，山西人經商成風，山西有謠諺道「有兒開商店，強如坐知縣」「買賣興隆把錢賺，給個縣官也不換」。晉商做買賣講誠信、能吃苦，在業內信譽極好。徽商則重視文化和人際關係，做生意講究宗族相親，還善於結交官僚。利用官商關係，徽商壟斷了江南地區的鹽業，富可敵國的揚州鹽商多出身於徽商。康熙和乾隆數次巡遊江南，徽商都下血本搞招待，深得皇帝歡心。乾隆皇帝過八十歲壽辰時，徽商還組織了四大徽班進京獻藝，京劇就是在此基礎上誕生的。在專制社會背景下，官商關係是第一生產力。有封建特權的加持，徽商想不賺錢都難。

56 八股取士與文字獄

名堂奇多八股文　因言獲罪文字獄

明清時期，君主專制達到頂峰。為了加強對知識分子的思想控制，明、清兩朝的統治者煞費苦心地頒布了許多文化專制政策。最具代表性的，是「八股取士」和「文字獄」。

八股取士的「八股」，指的是八股文，它是一種科舉考試的寫作文體。古人寫東西有時候很囉唆，洋洋灑灑一大篇，皇帝看了都想打人。朱元璋曾讓官員寫奏章提建議，有一個叫茹太素的官員寫了一萬七千多字。朱元璋讓近侍讀給他聽，聽了半天，也沒聽明白茹太素的奏章到底要說啥。老朱大怒，當眾命人把茹太素揍了一頓。第二天，朱元璋又想起了這篇奏章，讓近侍繼續讀剩下的部分。這回終於聽到實質內容了，其中有四條建議非常好，可以採納。朱元璋感嘆，真囉唆，其實五百字就能寫清楚。可憐的茹太素，因為文章寫得太磨嘰，挨了一頓揍。如果寫的是八股文，他就不會挨揍了。

八股文的雛形出現於宋朝。王安石改革科舉制後，進士科考試不再考詩賦，改考經義等。考經義類似於命題作文，考生自由發揮寫議論文。為了防止考生長篇大論而不得要領，官方要求所寫文章每篇不得超過五百字。就像今天的國文作文有拿高分的套路一樣，古代考生也摸索出一套寫高分文章的套路：一是要分多個固定段落，二是要多用對偶、排比。這樣的文章就是八股文的雛形。明朝時，朱元璋規定八股文為科舉考試的首要文體，想必他被茹太素這種愛磨嘰的官員折磨得夠嗆。八股文分為八個固定部分。首先是「破題」，就是點破題目要義。破題只能用兩句話，既要與題目呼應，又不能直接翻譯題目。舉個例子，如果題目是「子曰」二字，經典的破題為「匹夫而為萬世師，一言而為天下法」。第一句解釋了「子」，即孔子是萬世師表，第二句解釋了「曰」，即孔子說的話是天下至理。接下來是「承題」部分，要對題目要義做進一步說明，還要呼應文章的破題部分，一般只用四五句話。第三部分是「起講」，這是承上啟下的過渡語句。破題、承題、起講三部分，合起來稱「帽子」，組成了文章的開頭部分。第四部分「入手」，是議論的開始。後面的「起股」「中股」「後股」「束股」四個部分是議論文的核心。四個部分分別有兩股對仗的文字，一共八股，八股文得名於此。八股文格式固定，言簡意賅，一篇不超過七百字，很是便於閱卷。八股文注重考查考生的語文水準、歷史知識、邏輯等，這些對當官而言至關重要。一個人能寫好八股文，那這個人的文化素養一般不會差。

近代新文化運動以來，國人對八股文口誅筆伐，認為八股文阻礙了中國人的思想進步。實際上，問題並不出在八股文本身，而是出在明清統治者對八股文的狹隘運用。明、清兩朝的統治者嚴格限定八股文的出題範圍和寫作要求。出題者只能從儒家的四書五經中出題，考生不許發表個人見解，不允許創新，更不允許有批判性思維。統治者要求考生「代聖人立言」，就是要引經據典地進一步闡述聖人已有的觀點。更可笑的是，這裡的聖人觀點也並非聖人原本的，而是經過統治者改造的「閹割版」，實際上闡述的都是為君主專制服務的思想。比如孟子說過，如果君王犯錯了，就應該勸諫君主，如果勸諫了，君主不聽，就把他換了[1]；孟子還說過：

> 民為貴，社稷次之，君為輕。[2]

朱元璋看到這些言論後氣得要爆炸，他認為這是對皇帝的大不敬，甚至揚言道，如果孟子還活著，他一定會弄死孟子！孟子的牌位差點被朱元璋從孔廟裡踢出來，四書之一的《孟子》也被他命人刪掉了約三分之一，然後出版了一本閹割版，叫作《孟子節文》。言論自由與批判精神是社會文明進步的基石，這二者，恰恰是八股文最為壓制的。

八股取士，始於明朝，清朝延續。這種思想專制手段雖然反智，但還屬「胡蘿蔔式」

---

1 君有大過則諫，反覆之而不聽，則易位。（《孟子．萬章下》）

2 出自《孟子．盡心下》。

的引導。除了溫和的文化專制手段，明清統治者還有血腥的「大棒」政策，也就是文字獄。

所謂文字獄，是指從知識分子的詩文中摘取隻言片語，然後加以歪曲解釋，再羅織罪名加以迫害。朱元璋就曾大搞文字獄，因為他的內心極度敏感，總是會從很普通的言論中聯想到自己的不堪往事，認為臣下在暗諷他。比如有人上表寫了句「作則垂憲」，意思是說朱元璋是民眾的楷模、榜樣。這人本是想拍馬屁，却拍歪了，朱元璋說「則」和「賊」發音相似，這是在影射他曾是賊，於是斬了上表人。有人上表寫了句「天下有道」，「道」與「盜」同音，也被斬了。還有人上表寫了句「睿性生知」，朱元璋認為「生」就是「僧」，這是嘲笑他以前當過和尚，又把人斬了。可見，文字獄多是統治者小題大做，甚至是雞蛋裡挑骨頭，目的就是用殺人來震懾知識分子，讓他們明白說話要小心。

到了清朝，文字獄更嚴重，次數達到歷朝之最。除了思想專制的目的外，清朝統治者還會藉文字獄來壓制漢人的民族情緒。康、雍、乾三朝，民間尚有「反清復明」傾向，文字獄也在此期間被推上了頂峰。最著名的文字獄是康熙朝的「莊廷鑨明史獄」。浙江湖州富戶莊廷鑨刊刻了一部記錄明朝歷史的書稿，然後請了一幫知識分子來編輯、增添明末史事，最後編成了一部《明史》。清初和明末在時間上是重合的，涉及這部分歷史的內容，這部《明史》採用了明朝皇帝年號來紀年，有褒明貶清之嫌；書中對抗清將領也多有讚美之詞，還用「夷寇」代稱清軍。客觀地講，這部《明史》確實不太待見清朝，不論哪一個專制王朝都必然會對其進行封禁。然而清廷卻採取極端措施，大開殺戒，參與編校、刻印、買賣的七十餘人全部被殺，其中有十四人還被處以凌遲酷刑。為首者莊廷鑨此時已死，依舊被開棺戮屍。

見於文獻的清朝文字獄有近二百起，清朝統治者不僅不許人民批評清朝，連之前的少數民族政權也不許批評。乾隆朝的「祝庭諍案」就是這樣的例子。《三字經》成書於南宋，所涉及的歷史截至南宋時期。清代讀書人祝庭諍編寫了《續三字經》，書中包含南宋至清的史事內容。祝庭諍死後，這部書在家族中流傳，用作家中子弟的蒙學讀物。後來，祝庭諍的子嗣和某一族人發生了糾紛，該族人為了報復，將這部書送到了官府。書中評價元朝道：

髮披左，衣冠更，難華夏，遍地僧。

這雖是對元朝的批評，但是朝廷認定這也是在隱喻、詆謗清朝。結果，已故的祝庭諍被開棺戮屍，祝庭諍十六歲以上的子孫均被判斬立決。清朝統治者還特別反感「胡虜」「蠻夷」等對少數民族的輕蔑之詞，這些詞在清朝無比敏感，一旦在寫詩文時使用，就很可能招來殺身之禍，即便是滿人也不例外。滿人大臣鄂昌，官至甘肅巡撫，即便是這樣的封疆大吏，也因在其詩作〈塞上吟〉中將蒙古人稱為「胡兒」，被乾隆帝痛罵數典忘祖，最後被賜自盡。

明清的文字獄，多是統治者因「玻璃心」作祟的小題大做，還有的甚至是雞蛋裡挑骨頭，目的就是用殺人來扼殺知識分子的批判精神、限制社會的言論自由。言論自由與批判精神是社會文明進步的基石，在八股文和文字獄的雙重影響下，明、清兩朝，絕大多數知識分子成了只會唱讚歌的天朝奴才，這一時期的文化發展也失去了活力，中華文明不可避免地走向了封閉與落後。

57 明清時期的學術思想

王陽明知行合一 新思想工商皆本

明清時期的學術思想在充滿時代矛盾的環境中誕生。一方面，明清時期商品經濟繼續發展，城市文化繁榮，加快了社會的世俗化變革和人的個性解放；另一方面，官方推崇程朱理學，宣揚「存天理，滅人欲」，加強了對人民思想的控制。一面在悄然變革，一面在強力壓制。在這種矛盾的氛圍下，學界出現了兩種治學方向。一些學者棄舊揚新，提出新的思想學說，想要找回人性的本真；一些學者則埋首於考據古籍，不問時事。

率先打破學術思想沉悶局面的，是明朝的大思想家王陽明。王陽明本名王守仁，官二代出身。其父是明朝成化年間的狀元，官至吏部尚書。可王陽明並未仗著顯赫的家世而虛度歲月，也未像尋常的知識分子那樣致力於「代聖人立言」，他自幼的理想是自己成為聖人。那麼，如何才能成為聖人呢？在程朱理學的影響下，文人往往認為，成為聖人的途徑都寫在聖人的書裡。因此，王陽明日夜攻讀先賢著作。當讀到先儒所說的「一草一木，皆涵至理」時，王陽明受到了啟發，隨即對著竹子「格物致知」。王陽明雷打不動地在院子裡觀察竹子，格了七天，啥也沒格出來，自己却累得病倒了。之後，王陽明投身科舉，二十八歲就考中了進士。步入官場後，王陽明直言朝政，因此得罪了權宦劉瑾。王陽明入獄，還被打了四十大板，而後又被貶到了貴州的龍場去做驛丞。

在龍場的歲月雖然艱苦，卻給了王陽明潛心悟道的寶貴時間。在這裡，王陽明終於悟出了聖人之理，也就是「陽明心學」。因為陽明心學繼承自南宋陸九淵的心學，後世也將二人的學說合稱為「陸王心學」。心學的核心內容有三點：心即理、致良知、知行合一。程朱理學認為理蘊藏在萬事萬物中，要通過觀察外界事物獲得知識和真理，即程朱學派主張世界的本源是外在的「理」。心學則不同，王陽明認為心外無物、心外無理，無須感悟外界就可以獲得真理。那麼什麼是真理呢？自己內心的良知就是真理。但良知往往被私欲所蒙蔽，所以我們要依良知行事，這就是「致良知」。王陽明還主張在實踐中獲得真理，要用良知去改造世界，此為「知行合一」。打個比方，同樣是鐵杵磨成針的故事，理學家認為李白會悟出「下功夫」的道理，但按照心學家的邏輯，李白會認為老婆婆用鐵杵來磨針太費事了，這是根據自己的內心去判斷外界事物，「心即理」。然後，李白很可能會去針鋪買一根針送給老婆婆，這既體現了「致良知」的善念思維，又能「知行合一」地幫老婆婆解決實際問題。

龍場悟道後，王陽明致力於講學，心學廣為流行。劉瑾倒臺後，王陽明重新被起用。他先是率軍剿滅了為害江西的匪患，而後又用四十三天時間平定了寧王醞釀了多年的叛亂。文能提筆安天下，武能上馬定乾坤，王陽明活成了自己想要的樣子，真的成了聖人。

王陽明五十七歲病逝，臨終前，弟子問他有何遺言，王陽明說：

此心光明，亦復何言！[1]

心學的精髓在於獨立思考，它不以聖人觀點和外界事物作為真理的標準，強調個人價值和主觀能動性。本質上，心學帶有平等觀念和叛逆色彩，孕育著個人主義，是對皇權社會隱晦的否定。在皇權壓制一切的時代，個體命運微如塵埃，很難得到尊重，而心學強調每個人都是獨立的個體，每個人都是顏色不一樣的煙火。在皇權專制社會，心學猶如一縷陽光，照亮了作為個體的人。心學在後世備受重視，發展到與理學分庭抗禮的態勢。王陽明在國外也有很多「粉絲」，如日本明治維新代表人物之一的東鄉平八郎。東鄉平八郎還是日本的海軍大將，曾擊敗俄國的太平洋艦隊。相傳，日俄戰爭大勝後，日本天皇為他舉行慶功宴會。宴會上，東鄉平八郎拿出了自己的腰牌示與眾人，上面有七個大字：一生俯首拜陽明。可見陽明心學對他的影響。東鄉平八郎還擊敗過中國北洋

1 出自《王陽明全集（新編本）》卷四十一。

艦隊，一個尊崇陽明心學的日本人，打敗了王陽明的後人，也是耐人尋味。

明末清初，社會持續動蕩，思變思潮更加活躍。許多知識分子將目光下移到「百姓日用即道」[2]的現實世界，提倡「實學」。在此背景下，出現了三位大思想家，他們提出了許多振聾發聵的新觀點。王夫之反對禁欲主義，肯定了人欲，批判了程朱理學的「存天理，滅人欲」，他還意識到自然界的一切事物都處於對立統一之中，具有樸素的唯物主義思想。黃宗羲否定君主專制制度，指出：

為天下之大害者，君而已矣！[3]

並主張透過學校和法律來限制君權。他還批判了過去的「重農抑商」政策，提出「工商皆本」的思想，這反映了商品經濟發展所帶來的社會價值觀的變化。顧炎武主張「經世致用」，提倡做學問要關注社會現實。為此，他留下了「保天下者，匹夫之賤與有責焉耳矣」[4]的千古名句，近代學者梁啟超將它概括為「天下興亡，匹夫有責」。後世很多人並未理解這句話真正的含義。在顧炎武看來，「亡國」和「亡天下」完全是兩碼事，亡國只是改朝換代，換了個統治者而已；亡天下就不同了，天下代表著社會的公平正義，如果世道不公，出現人吃人的現象，那就是天下亡了。顧炎武認為亡國的責任在於國君和臣子，而亡天下的責任在於全天下的百姓。梁啟超在「天下興亡，匹夫有責」後面又補充了一句「國家興亡，匹夫無罪」。兩句話合在一起，才是顧炎武思想的完整表達。另外，顧炎武還認為心學「空疏學風」，因此主張對學問進行實證研究。明末清初三大思想家的理念、學說與文藝復興的人文主義思潮相通，與啟蒙運動的反封建思想也很相似。只可惜，明清時期的專制制度太過強大，加之這些新時代的進步思想對民眾的影響甚小，所以它們沒有進一步發展。

明清學界有思變的一派，也有追古的一派。尤其是在清朝，大量學者致力於用考據的方法研究和整理古代文獻。漢朝與宋朝是古代學術研究的兩大高峰時期，漢朝學者專注於考據儒家經典的原文，宋朝學者傾向於對儒家經典做出新的闡釋。清朝的考據學派更像漢朝學者，因而又稱「漢學」。乾隆、嘉慶年間，考據研究進入鼎盛時期，後世稱這一經學派系為「乾嘉學派」。乾嘉學派對古典文獻的考據研究非常深入，運用了目錄學、校勘學、版本學、辨偽法、音韻學、金石學等多種學術手段，修正了傳世古籍中的大量訛誤，對傳統文化典籍的整理做出了巨大的貢獻。當然，考據的盛行也是明清知識

2 出自《明儒學案》卷三十二，〈處士王心齋先生艮〉。
3 出自《黃宗羲全集》附錄，〈論黃梨洲〉。
4 出自《日知錄集釋》卷十三，〈正始〉。

分子的一種無奈，因為只有這樣才能脫離時政，才能遠離文字獄。

除了思想壓制外，清朝統治者還在文化政策上搞出了一些新花樣，藉此籠絡知識分子，其中最成功的政策是組織知識分子編纂圖書。康雍乾時期，社會穩定，財政較為富裕，國家出資並組織知識分子進行了大規模的圖書整理和編纂工作。此舉一舉兩得，不僅留下了文化典籍，還讓這些知識分子發光發熱，省得他們沒事幹便寫文章「亂說話」。清廷組織編纂的圖書種類繁多，除了官方史料性質的圖書外，還有《康熙字典》《佩文韻府》《佩文齋書畫譜》等。今天我們熟知的《全唐詩》，也是在那時編纂的。編纂的圖書中，篇幅最大的且最能體現清朝文化成就的，是康熙、雍正年間編纂的《古今圖書集成》和乾隆年間編纂的《四庫全書》。《古今圖書集成》全書共一萬卷，是古代大型類書之一，雍正年間以銅活字排印。《四庫全書》收錄了古今圖書約三千五百種，按照經、史、子、集分類收錄，是對中國古代文獻的一次系統而全面的整理。但是，在《四庫全書》的編纂過程中，清廷對不利於君主專制和清朝統治的內容進行了刪改，甚至有一部分文獻被銷毀，對古代文獻造成了較嚴重的破壞。

明清之際的思想學術領域，追古與創新並存。這種既對立又統一的思想局面，與近代前夜的歐洲倒有幾分相似，明清之際學術繁榮的景象，完全可稱為「東方的文藝復興」。

58 明清時期的文學藝術

出版熱四大名著　牡丹亭人鬼生情

商品經濟的持續發展，使明清時期的市民文化高度繁榮。這一時期的文學和藝術，也迎合著市民階層的口味，繼續朝著世俗化的方向發展。

印刷術普及後，民間文學發展得很快。古代印刷並出售書籍的店鋪叫作「書坊」，明清時期是書坊發展的鼎盛時代。據學者粗略估計，明朝共有四百多家民間書坊，多集中在江南地區，南京、蘇州、杭州三地的書坊最多。這些書坊是市場導向型的，前店後廠，什麼書好賣，它們就刻印什麼書。市民們最愛看的書，不是高雅的詩文，也不是難懂的學術著作，而是故事性強的章回體長篇通俗小說。清朝人金纓在《格言聯璧》中說：

> 賣古書不如賣時文，印時文不如印小說。

在對小說的追捧熱潮中，四大名著應運而生。

萬曆年間，吳承恩創作的小說《西遊記》在民間熱賣，一時間洛陽紙貴，甚至出現了盜版。有個叫余象斗的書坊主，敏銳地嗅到了神魔題材的商機，跟風創作了小說《北遊記》和《南遊記》，又從別處買來了《東遊記》，加上楊志和編的刪節版《西遊記》，合成一套《四遊記》。此套書大賣，余象斗賺得盆滿鉢滿。《三國演義》和《水滸傳》在明朝也很受人追捧，被反覆刻印。

四大名著中，文學性和思想性最高的，當數曹雪芹作、高鶚續寫的《紅樓夢》。《紅樓夢》以貴族家庭賈府的興衰變遷為主線，深入描寫了封建社會中民眾的生活狀況和各種社會規則對人性的壓迫。《紅樓夢》的偉大之處，在於它寫出了人性的真實，寫出了社會的真相，寫出了上千年的封建壓迫之殘酷。為了仕途出賣恩公之女的賈雨村、利用人情世故機關算盡的王熙鳳等，這些人物和他們的故事即便過了幾百年依舊觸動人心。

明清時期，戲劇的受眾群體比小說的更多，因為欣賞戲劇不需要識字，且戲劇的表現形式更為靈活。明清時期城市經濟的繁榮，戲劇廣受市民階層喜愛，這更促進了戲劇的發展。明朝流行昆曲，昆曲有一代表性的劇本是湯顯祖的《牡丹亭》，它講述了人鬼情未了的傳奇愛情故事。

《牡丹亭》的女主人公叫杜麗娘，是南安太守杜寶的女兒，杜麗娘天生麗質且多情善感。一日，杜麗娘的教書先生給她講《詩經》，開篇是〈關雎〉。這是一首描寫男女戀愛的情詩，它讓青春期的杜麗娘春心萌動。幾天後，在丫鬟的進言下，杜麗娘第一次遊覽了太守府的後花園。在嚴苛的封建禮教管制下，未婚女子大門不出二門不邁，後花園也是不許去的。看到後花園的滿園春色，杜麗娘不禁感嘆青春虛度，韶華將負。回到房中，杜麗娘睡著了，夢中有一書生拿著柳條，請她題詩，接著又擁著她到後花園的牡丹亭畔成就了雲雨之歡。十六歲的小姑娘，哪裡受得了這般浪漫？杜麗娘醒來後發現只是一場夢，難以釋懷，遂相思成疾。沒過多久，杜麗娘病死了。臨死之前，她囑咐丫鬟將自己的自畫像藏在牡丹亭的太湖石下。杜寶將女兒埋葬在了後花園的梅樹下，還修建了一座梅花庵守墓。後來，杜寶官職升遷，離開了南安。之後，男主人公柳夢梅登場，他就是杜麗娘生前夢見的書生。柳夢梅赴臨安趕考途中因病住進梅花庵中休養，病好後，柳夢梅在後花園閒逛，無意中撿到了杜麗娘的自畫像。打開一看，整個人都酥了，一眼定情。而後，杜麗娘的遊魂也來到了梅花庵，兩個人很快就在一起了。杜麗娘向柳夢梅道出了實情：她已死，但是地府的判官說她和柳夢梅還有因緣，便允許她返回人間。在愛情的力量下，柳夢梅挖開了墳墓，杜麗娘得以還魂復生。之後，二人來到臨安。柳夢梅考完科舉後，受杜麗娘之託去淮安找杜寶。見到了杜寶，柳夢梅自稱是女婿，杜寶氣得要命，認定這個男子是盜墓賊，把柳夢梅抓了起來押到臨安。杜寶得知杜麗娘真的復活了，依舊認為這是鬼怪之事。恰巧，柳夢梅高中狀元，此事鬧到了皇帝那裡。皇帝用鏡子照杜麗娘，發現有影子，斷定她是活人。最後，在皇帝的主持下，父女、夫妻相認，故事圓滿結束。

《牡丹亭》的故事謳歌了愛情能讓人生，能讓人死，還能讓人死而復生的神奇力量。故事歌頌愛情的同時批判了封建禮教，頗具人文主義色彩。《牡丹亭》的藝術水準，絕不亞於同時代的西方大文豪莎士比亞所寫的戲劇。

昆曲的表演形式非常唯美，曲調婉轉、舞姿清幽，昆曲不愧為中國戲曲藝術的瑰寶。但或許是太過優雅的緣故，昆曲的「粉絲」多是文人士大夫，這使得昆曲逐漸失去了民眾市場。到了清朝，昆曲逐漸被其他更通俗的戲曲形式所取代。清朝最為風靡的劇種當數京劇。一七九〇年秋，乾隆皇帝要過八十大壽，揚州地區的徽商以經營朝廷特許的鹽業發家，一個個富可敵國，如今皇帝過大壽，他們想趁機表現一下。有一個叫江鶴亭的徽商組織了一個叫「三慶班」的徽戲戲班，然後讓「三慶班」赴京參加祝壽演出。這次赴京演出空前成功，隨後又有三個徽戲戲班入京獻藝，史稱「四大徽班進京」。這些戲班集眾家之所長，逐漸吸收了昆曲、秦腔、漢調等地方戲的優點，而後加以改進和創新，終於在清朝中期融合出一種新的劇種「皮黃戲」。皮黃戲就是後來的京劇，在晚清至民國時期風靡全國。

59 明朝四大科技著作

西學東漸送新知　東方文明被超車

明清時期的科技繼續向前發展，相較而言，明朝的科技成果多於清朝。明朝科技發展的顯著特點是出現了許多具有總結性特徵的科技著作，最突出的是「明代四大科學巨著」。在傳統的儒家社會中，知識分子以考科舉為正途，專研科技是旁門左道，只能作為業餘愛好。明代四大科學巨著的作者們也是如此，他們都有雙重身分，第一身分是儒家文人，第二身分才是科學家。

《本草綱目》的作者李時珍，科舉考試水準一般，只考取了秀才功名。仕途受挫後，他子承父業當起了醫生。因治好了藩王兒子的病，李時珍聲名遠播，後來在太醫院謀了個差使。在太醫院，李時珍接觸到了豐富的醫學文獻，還見識了許多稀罕的藥材，這讓李時珍積累了豐富的醫藥學知識。後來，李時珍發現現存的藥物學著作中存在著很多謬誤和不足，他決心重新編纂一部藥書。辭官後，李時珍深入民間，採訪四方，經過二十七年的努力，終於寫成了約一百九十萬字的藥物學著作《本草綱目》。

這部書最先進的地方並不在藥物學方面，而在生物分類學方面。《本草綱目》記載了上千種藥物，李時珍將它們「析族區類，振綱分目」，採用了從簡單到複雜、從低級到高級的分類方法。不要小看這種打破傳統的分類方法，這其中蘊含著演化論的思想。後世達爾文提出的演化論便參考了《本草綱目》，達爾文還稱它為「中國古代百科全書」。《本草綱目》中也記載了許多讓人匪夷所思的藥方。比如治療尿床，書中開出的藥方是將熱飯倒在尿床處攪拌，然後再讓病人吃掉。治療女性經期出血量過大，要將老母猪糞便燒成灰，和酒服下。孕婦的胎兒死在腹中，給出的藥方是取丈夫尿二升，煮沸後讓病人喝掉。這些吃屎喝尿的方子令人迷惑。對於傳統中醫，我們不能盲目迷信。人類科技是不斷進步的，迷信過去就是迷信落後。

宋應星的科舉功名就比李時珍高了一檔，他中過舉人，官至知州。宋應星關注民眾生活疾苦，熱衷於研究農業技術和手工業技藝。多次進京趕考和外出為官的經歷開闊了他的眼界，誠如他所言：

> 為方萬里中，何事何物不可見見聞聞？[1]

崇禎年間，宋應星將積累的知識總結成科技著作《天工開物》，這本書被西方學者譽為「中國十七世紀的工藝百科全書」。

「天工」二字取自《尚書》，意為巧奪天工的技藝；「開物」二字取自《易經》，可理解為開創萬物。「天工開物」的意思，就是製造萬物的技藝。全書將生產部門分為十八類，記錄了手工業、農業各部門實用的生產技術。明末的書商在《天工開物》的封面寫的廣告詞是「一見奇能」和「內載耕織造作煉採金寶一切生財備用祕傳要訣」，足見此書的實用價值之高。《天工開物》在十七世紀末傳到了日本，受到日本科學家追捧。民國時期，國人再尋此書，竟只得從日本引進後再版印刷。

徐光啟是與宋應星同時代的另一位科學家。徐光啟撰寫的農書《農政全書》全面總結了中國古代農業生產的先進經驗，還融入了「農政」思想。所謂「農政」，就是有關農業的政策、法令、制度等。比如「荒政」部分，徐光啟對歷代政府的備荒情況做了綜述，還對水災、旱災、蟲災做了統計，對各項救災措施及其利弊做了分析，並附有四百多種可供充饑的草木野菜，可以說，《農政全書》是中國古代內容最為詳細的救荒參考書。

徐光啟的科舉成績很好，他是進士出身，官至文淵閣大學士。徐光啟曾任禮部尚書，負責接待外國來華人員，因而有機會接觸西方傳教士。徐光啟和傳教士利瑪竇（Matteo Ricci）、湯若望（Johann Adam Schall von Bell）成了朋友，他還加入了基督教。也因此，

1 出自《天工開物・序》。

徐光啟接觸了西方自然科學知識，成了「西學東漸」風潮影響下的首批知識分子。徐光啟和利瑪竇共同翻譯了古希臘數學家歐幾里得的《幾何原本》，像是點、線、三角形、四邊形等我們今天耳熟能詳的數學術語，就是徐光啟在四百多年前譯定的。徐光啟和傳教士們還用西方天文學知識完善了中國曆法，編纂出了《崇禎曆書》。但《崇禎曆書》編成後未被正式採用，湯若望將它刪改成《西洋新法曆書》，後者在清朝得到推廣，皇太極將它命名為「時憲曆」，該曆法一直沿用到今天。

第四位科學家徐霞客的科舉成績就比較差了，他連秀才也沒考中。讀萬卷書不如行萬里路，徐霞客將目光投向了詩和遠方。從二十七歲到五十三歲，他的足跡遍及今十九個省市。旅途中，徐霞客並不只是瀏覽，還進行了科學考察，他用足跡開拓出了一條與近現代地理學相通的道路。比如，徐霞客歷盡艱險考察了長江的源頭，否定了流傳上千年的「長江源頭在岷江」的錯誤認知，斷定金沙江才是長江正源。徐霞客的旅行觀察見聞在他去世後被季夢良等人整理成了《徐霞客遊記》，該書既是旅行遊記，又是地理巨著。《徐霞客遊記》首篇的開篇之日為公曆的五月十九日，如今，每年的五月十九日被定為「中國旅遊日」。

儘管明代的科技有諸多進步，卻依舊被同時代的西方科技彎道超車。因為中國古代科學多重實用技術，不太講究抽象的理論。西方科學則不同，西方科學家注重理論研究，建立了完備的科學理論體系，在近代率先完成科技革命。另外，在專制社會中，搞權術遠比科學探索有實際效用，出仕為官始終是中國古代知識分子的首選之路，科技研究只能當作業餘愛好。

對科學的傲慢與偏見，對權術的執迷與狂熱，這種情況到了清朝更為嚴重。當牛頓發表論文，闡述萬有引力定律的時候，康熙帝正在南書房裡駕馭漢族知識分子。西方在探索理性世界，東方在琢磨帝王之術。如果你是歷史的裁判，你會選擇何者去引領人類開闢近代歷史的新征程呢？

60 清朝的統治危機

人口爆炸官員貪 馬戛爾尼來叩關

一七七六年，人類歷史上發生了幾件大事。在歐洲的英國，機械工程師詹姆士．瓦特（James Watt）改良的蒸汽機被大量生產；經濟學家亞當．斯密（Adam Smith）在這一年出版了《國富論》。在北美大陸，大陸會議在這一年通過了《獨立宣言》。在亞洲的中國，乾隆皇帝在這一年下旨刪減或銷毀帶有「反動思想」的書籍。是的，中外歷史好像出現了時空錯位。正當西方步入近代社會之際，東方的清帝國仍沉醉於帝制的偉大中。

清朝前期的確是帝制的偉大時代，自秦始皇稱帝以來，所有帝制時代長期存在過的問題，在清朝前期幾乎都被妥善解決了。君權與相權的衝突沒有了，軍機處裡滿漢大臣跪受喻令，政事悉聽皇帝一人裁決。中央與地方的衝突也解決了，四海晏平，連少數民族地區也是一顆忠心向朝廷；清朝並未像以前的王朝那樣實行羈縻統治，而是對少數民族地區又派官又駐軍，把少數民族管理得服服帖帖。農耕民族與游牧民族之間的衝突也基本處理好了，長期困擾大一統王朝的北方邊患被清朝皇帝徹底蕩平。什麼外戚專權、宦官擅政、皇帝昏聵，這些問題在清朝前期都不存在。前幾代勤勉的清朝皇帝將國家治理得井然有序，仿佛可以終結改朝換代的循環了。然而，這只是歷史的表像；深層內裡，清朝的統治危機比哪個朝代都更嚴重。

第一大危機是人口危機。康熙晚年時推行了「盛世滋丁，永不加賦」的政策，規定在康熙五十年（一七一一）以後增加的人丁，政府不增加丁銀。雍正即位後又推行了「攤丁入畝」，在事實上取消了人頭稅，賦稅交多少只看土地占有量。這兩個政策一實行，老百姓就不必控制生育了，想生就生。以前要交人頭稅的時候，很多老百姓真的負擔不起，以致有的父母會將意外出生的嬰兒溺死，這就是中國古代普遍存在的溺嬰現象。現在好了，多生孩子不用多交稅，那就隨意生。乾隆朝開始，中國人口出現爆炸式增加。乾隆五年（一七四〇）政府統計的全國人口是一億四千萬，到了乾隆二十七年（一七六二）就超過了二億，乾隆五十五年（一七九〇）便突破了三億。到鴉片戰爭爆發前，中國人口已經達到四億。人口激增，但生產方式仍是傳統的男耕女織，即便將生產力開發到極致，也不會有質的提高。雖然此時已從美洲引入了甘薯、馬鈴薯、玉米等高產農作物，但百姓很多時候還是無法維持溫飽。因此，有的學者認為：清朝的盛世，是一種饑餓的盛世。

第二大危機是吏治腐敗。清朝官員對上面唯唯諾諾，但對下面卻貪腐成性。實際上，皇帝對官員貪腐也是睜一隻眼閉一隻眼的，只要別太過分，只要官員給皇帝幹活，貪腐都不算啥。畢竟官員貪腐的錢還在大清國內，是肉最後都會爛在鍋裡。如乾隆帝的寵臣和珅，他很會辦事，也很能貪。乾隆帝死後，嘉慶帝將和珅查辦，查抄的家產價值白銀八到十億兩，相當於國庫十年的收入。以至於民間流傳著「和珅跌倒，嘉慶吃飽」的歌謠。實際上，官員腐敗在帝制時代是普遍存在的，只要權力在官不在民，就必然會導致腐敗，區別僅在於貪腐的程度輕重。清朝的程度確實是很重的。

清朝面臨的最大危機是遭遇了三千多年來之未有的強勢文明——西方近代文明——的衝擊。明朝時，西方勢力已開始影響中國，但那時的西方還處於勃興階段，而清朝面對的已是工業時代的西方了。清政府深知西方勢力有多麼麻煩，卻沒有行之有效的應對辦法，選擇實行閉關鎖國的政策。西方人想要和大清國做貿易，但清朝將貿易地點嚴格限制在廣州，由十三家官方授權的商行代理，不許西方人和民眾直接接觸。廣州遠離北京，所以西方勢力離皇帝也很遠。壟斷貿易體系之下，廣州十三行賺得盆滿鉢滿，甚至出了一位「世界首富」，他叫伍秉鑒，曾是十三行的總商。

西方列強對閉關鎖國政策很不滿，尤其是英國。英國人認為大清國的限制貿易使英貨難以深入中國市場，耽誤英國人賺錢。另外，廣東地方官經常對英商索賄刁難，除高額關稅之外還要應付各種貿易潛規則，這些讓英國人很頭疼。英國人想要和清政府交涉，又苦於沒有管道。因為在清朝的天朝觀念中，英國只是以蠻夷番邦，沒資格對天朝說三道四。為了自由貿易和平等外交，英國人決定去清朝皇帝那裡爭取試試。找個什麼由頭呢？既然天朝好面子，那就用給清朝皇帝祝壽的名義吧。

一七九三年，也就是乾隆五十八年，英國派出的外交使團到達中國，來為乾隆皇帝祝壽。使團的規格很高，主使喬治·馬戛爾尼（George Macartney）是英國國王喬治三世（George III）的親戚。英國政府極其重視這次出訪，為乾隆皇帝準備了六百多箱禮物，其中包括地球儀、望遠鏡、減震馬車、步槍，甚至還有新式蒸汽機的模型。英國人很想證明自己不是土鱉，是有資格和清朝進行平等外交的。得知英使前來祝壽，乾隆皇帝龍顏大悅，他把馬戛爾尼使團送賀禮視作藩屬國進貢。馬戛爾尼使團在避暑山莊如願見到了乾隆皇帝。但由於禮儀問題，雙方發生了爭執。清朝希望馬戛爾尼同其他藩屬國使臣一樣，向天朝皇帝行三跪九叩之禮。但馬戛爾尼對英國國王都不跪拜，何況對外國君主呢？乾隆皇帝很不爽，拒絕了英使提出的所有要求。乾隆帝還給喬治三世回了個「特頒敕諭」，敕諭中充滿了天朝上國的優越感。

馬戛爾尼無功而返，但這次出使讓英國人看到了清朝的傲慢表象下是政府的愚昧、民眾的貧窮、官員的貪腐、文明的落後。英國人明白了：想和中國進行自由貿易和平等外交，光用嘴說是不行的。馬戛爾尼使團中有個小孩，是使團副使斯當東的兒子，人稱「小斯當東」（George Thomas Staunton）。許多年之後，小斯當東在英國下議院討論是否對中國發動戰爭時陳述道：「我很瞭解這民族的性格，很瞭解對這民族進行專制統治的階級的性格，我肯定，如果我們想獲得某種結果，談判的同時還要使用武力炫耀。」[1]

這一年，是一八四〇年。

1 出自佩雷菲特：《停滯的帝國——兩個世界的撞擊》。